Creando Puentes de Comprensión

Creando Puentes de Comprensión

*Mi Conquista por
la Unidad y la Paz*

Lucía Giraldo De García

Biblioteca del Congreso Datos de Catálogo en Publicación
IBSN: Tapa Blanda 978-1-4990-6534-3
Libro electrónico 978-1-4990-6535-0

Creando Puentes de Comprensión - Mi Conquista por la Unidad y la Paz
1. Biografía   2. Inspiración   3. Espiritualidad   4. Título

Portada diseñada por Luis Sánchez
Foto para el diseño de la portada por Michael Landa

Otros libros publicados por Lucía De García:
"Building Bridges of Understanding, My Personal Quest for Unity and
Peace", "Creando Puentes de Comprensión, Mi Conquista por la Unidad y la Paz",
"Lucía De García, A Peaceful Light, My Odyssey to the Center of the Heart",
"Lucía De García, Una Luz de Paz, Mi Odisea al Centro del Corazón".

Los libros puede ser adquiridos con descuentos especiales por organizaciones sin
ánimo de lucro, instituciones educativas, políticas y empresariales.

Para ordenar los libros, dictar conferencias y entrevistas a los medios por favor llamar a:
Lucía De García en EEUU al 1(714) 904-5507
o por correo electrónico a:
lucia.degarcia2012@gmail.com
www.luciadegarcia.com

Disponible también en Amazon.com, BarnesandNoble.com
Rev. Date: 12/05/14

Para ordenar copias adicionales, contacte a:
Xlibris
1-888-795-4274 - www.Xlibris.com –
Orders@Xlibris.com

602675

SOBRE LA AUTORA

Poeta Laureada y escritora internacional, innovadora social, Lucía De García dicta conferencias a través del mundo sobre cómo crear la Paz con otras culturas, tradiciones y creencias espirituales. *"Es nuestra actitud hacia la tolerancia, la compasión y celebrando las diferencias que existen entre nosotros, lo que removerá las barreras que hay en el mundo de hoy".*

Entre sus más recientes galardones se destacan: - El Premio Internacional al Libro Latino 2014 por su obra "Building Bridges of Understanding, My Personal Quest for Unity and Peace", como La Biografia Fuente de Mayor Inspiración, por la organización Latino Literacy Now, International Latino Book Awards. – Colombia Exterior le otorgó el Premio Internacional a la Excelencia PIECE 2013 por el Desarrollo Espiritual. – Nombrada Embajadora de la Paz por Le Cercle des Ambassadeurs de la Paix, Francia y Suiza (El Círculo de Embajadores de la Paz, Francia y Suiza), 2011. -La Academia Mundial de Arte y Cultura (WAAC/UNESCO) le otorgó las Medallas de Oro del Presidente por su Excelencia Poética en Taiwán (Formosa) en el 2010, y por su Excelencia Literaria en Chenai, India 2007. En el XXVIII Congreso Mundial de Poetas, bajo los auspicios de la Academia Mundial de Arte y Cultura/UNESCO, fue ganadora de la

Rosa de Plata por su poema en español "Puentes Hacia el Reino de los Cielos" en Acapulco, México 2008. - El Euro-American Women's Council (EAWC) le confirió el premio Diosa Artemis por sus logros en acercar las Naciones y las Culturas, en Atenas, Grecia 2008 y fue inducida al Salón de la Fama (Women's Hall of Fame) en la Isla Sagrada de Délos, Grecia, 2008.

Nacida en Colombia, América del Sur y residente en California, Estados Unidos de América, Lucía es multilingüe y multicultural, y se presenta en varios medios de comunicación nacional e internacional. Ella está incluída en el libro publicado por Simón & Schuster "Éxito Latino, Conceptos de los 100 Profesionales Latinos más Poderosos en los Negocios en América".

lucia.degarcia@cox.net

www.luciadegarcia.com

Testimonios

Embajador Ananda Guruge, Doctor en Filosofía y Literatura; ex-Embajador de Sri Lanka en los Estados Unidos, España, Argelia, México y Francia y Asesor Especial para la UNESCO.

"Es un placer tanto intelectual como emocional leer la historia de la vida de Lucía De García cuyo amor por la humanidad la han llevado a alcanzar los más altos logros como promotora de liderazgo multicultural por la paz y el entendimiento universal.

Ella es una verdadera constructora de puentes entre las naciones y la comunidad. Lucía es tan convincente en su apelación por la unidad y la cooperación entre las gentes que hasta los más altos mandatarios en el país le prestan atención a todo lo que ella dice tan elocuentemente.

Es pues mi ferviente deseo y mi anhelo que Lucía se proyecte en este libro como el modelo más deseable a seguir para quienes ven cómo nuestro mundo se está reduciendo como hogar para la humanidad, no obstante ser rico en diversidad. Unámonos a Lucía en sus esfuerzos para lograr los más altos ideales de paz, seguridad y prosperidad."

Jonathan Hutson, Doctor en Jurisprudencia, co-autor del libro "Vinculando la División Racial: Un Diálogo Interracial en América.

"Lucía es mucho más que una reconocida líder internacional. Como una dinámica voz latina, ella nos ofrece el conocimiento y la brillante visión espiritual para el diálogo interracial y la colaboración multicultural en la resolución de problemas comunitarios. Ella reconoce que, además de construir en el corazón una comunidad exitosa, debe haber ternura, gozo y amistad recíproca."

Dan Young, ex-Oficial Principal Comercial del Consulado General de los Estados Unidos en Melbourne, Australia y Director Regional de la Administración de Turismo en Sydney, Australia.

"He visto por muchos años a Lucía De García desarrollar su conocimiento y sus capacidades y puedo decir que sus experiencias y su sutileza serán una inspiración para muchos que comienzan su propia búsqueda de un ideal espiritual, para adaptar sus aspiraciones al mundo multicultural en que vivimos."

Maureen Jones-Ryan, Escritora, Filántropa, Asesora Especial para la Academia Mundial de las Artes y la Cultura.

"Esta historia es una semblanza acogedora e inspiradora. "Creando Puentes" es claramente simbólico, un extraordinario libro. Gracias Lucía por compartir con nosotros tu corazón y tu alma a lo largo de tu valeroso libro del testimonio de tu vida. Esta autobiografía es como ninguna otra que yo haya leído. En mi trabajo yo conozco a miles de mujeres y solamente y muy raramente me encuentro con una de semejante curiosidad intelectual, profundidad espiritual y pasión por la vida."

Tony Robbins, el instructor más acreditado sobre el éxito en comportamiento al máximo nivel (Peak Performance), durante la Conferencia de Maestría en Finanzas en Arizona 1995, donde Lucía hizo una presentación sobre Las Américas.

"El poder de Lucía es su ternura. Su visión maravillosa es el vehículo que la lleva a capturar sus sueños. Y con determinación, es capaz de lograr su misión de observar países y gentes por igual... Además, lleva a cabo esa pasión con tenacidad y con decisión. Ella no sabía como, no tenía los recursos ni como conseguirlos. Sin embargo, se decidió y actuó hasta conseguir lo que se propuso.

. . .La poesía presente en la descripción de sus historias constituye los momentos mágicos y Lucía parece capturarlos con frecuencia. Y, más importante aún, ella es capaz de compartirlos con la humanidad."

Dedicatoria

Este libro está dedicado
A todas las mujeres del mundo.
A las que nos dejaron un legado
Para que continuáramos sus sendas
Y hacer de este, un mundo mejor.

A las que están transformando nuestro mundo:
La Dra. Jane Goodall, Dama del Imperio Británico
Y mensajera de paz
A la mujer emergente de hoy,
La mujer del Renacimiento.

... Y a los hombres que, con su humildad,
Su mensaje de compasión, tolerancia,
Y su búsqueda por la unidad, la justicia y la paz
Han dejado una marca indeleble en la historia:
Abraham Lincoln
Albert Schweitzer
Desmond Tutu
Martín Luther King,
Mohandas Gandhi
Nelson Mandela
Y el Dalai Lama,
entre otros.

Y, más importante,
A mi madre Ana Carolina,
Cuyo espíritu aún resuena en cada expresión,
Cada lugar y cada momento de mi existencia.

...y a mis nietos Delaney Lucía Katherine
y Brayden Álvaro Matthew
Que portarán la antorcha
De sus ancestros multiculturales
Para lograr una sociedad
Incluyente, recíproca e independiente.

En memoria de Su Santidad, el Sumo Pontífice Juan Pablo II,
Peregrino, Pescador de Estrellas, Caminante y Edificador
de Puentes entre el Vaticano el Mundo Entero,
Entre Dios y la Humanidad.
El Santo Papa del Milenio, el Papa de todos y para todos.

- Lucía De García

Contenido

Prólogo

Todos tenemos una alternativa
Para usar los dones que nos da la vida
Y construir un mundo mejor...
— Jane Goodall

Nunca olvidaré la primera vez que ví a Lucía De García. Fue durante uno de mis giras de conferencias, y Lucía se comprometió a ser la anfitriona de un almuerzo en el Center Club en el sur de California. Pero el conductor que me traía de otro compromiso se perdió. ¡Manejamos por más de 20 minutos en la dirección contraria! Lucía tuvo que aplacar a todas las personas que se impacientaban gradualmente y quienes habían sacado tiempo dentro de sus afanados horarios. Al final el plan original, de que yo hablara antes de servir el almuerzo para que la audiencia pudiera conversar sobre lo que oían mientras comían, fue abandonado, y empezaron a comer sin mí. Así que cuando yo finalmente llegué, Lucía estaba razonablemente más que preocupada.

Me condujeron rápidamente hacia el podio, me sentía terriblemente avergonzada. Pero Lucía, con su calmada dignidad por la cual se le distingue, hizo una introducción cálida y maravillosa, lo cual me hizo sentir mucho mejor. Y así comencé mi discurso. Hablé sobre los chimpancés, sus dificultades en África en la medida en que su refugio forestal disminuye debido al crecimiento poblacional y a la deforestación, y debido también a la cacería para el tráfico de animales salvajes y para la comercialización de los mismos como alimento.

Seguí departiendo sobre las difíciles condiciones que enfrenta el hombre en toda África y también en mucha parte del mundo en desarrollo - pobreza, hambre, enfermedad y contaminación. Mencioné la no equitativa distribución de la riqueza, los millones de seres que viven con menos de US $2 por día, los niños que mueren de malnutrición en contraste con el estilo de vida no sostenible de la clases altas en el mundo entero, el terrible desperdicio que se da en el mundo desarrollado. También hablé sobre el atentado terrorista del 11 de septiembre de 2001 en Nueva York.

Poco a poco, cuchillos y tenedores fueron descargados y la comida quedo consumida a medias.

Y después compartí mis razones para ser optimistas: el sorprendente cerebro humano, la fortaleza de la naturaleza, la energía, el entusiasmo, la dedicación - y algunas veces la valentía — de los jóvenes de todo el planeta, algunos de los cuales están afiliados a *Roots & Shoots*, un programa educativo y humanitario para la juventud; y el espíritu indómito que encontramos en aquellos que llevan a cabo tareas en apariencia imposibles, que se sobreponen a la discapacidades físicas o prejuicios sociales que los hace líderes brillantes, ejemplos de vida para todos nosotros.

Finalmente, el hecho de ser nosotros mismos, cada día, marca la diferencia en el mundo — aun así, nosotros nos inclinamos a pensar que lo poco que podamos contribuir no hará diferencia. Sin embargo, cuando miramos el efecto acumulativo de la acción individual, comprendemos que es inmensa.

Como siempre, la audiencia respondió a este mensaje.

Hubo muchas preguntas. Varias personas tenían sugerencias de cómo ellos podrían ayudar. Las comidas quedaron empezadas, pues la gente debía regresar a sus trabajos. Yo expresé mi preocupación porque los comensales habían dejado mucha comida, y me referí a la multitud de aldeanos pobres en África que no tienen que comer, sin mencionar el desperdicio de agua en los vasos, cuando millones de personas no tienen ni siquiera acceso al agua potable. ¡Después de que todos se fueron y Lucía y yo finalmente nos sentamos a comer juntas, ella se paró y fue a la mesa a traer su propia ensalada que apenas había comenzado!

Hablamos y hablamos de lo mal que va el mundo y de como todos juntos podemos propiciar el cambio. Este fue el comienzo de una amistad que fue creciendo con el paso del tiempo. Lucía ha llegado a ser una de mis más fervientes seguidoras, que me ayuda de innumerables maneras a divulgar el mensaje de esperanza alrededor del mundo.

Como una de los miembros del consejo de administración del Instituto de Jane Goodall, Lucía salió conmigo y con otros miembros a un recorrido a Tanzania para visitar los chimpancés del Parque Nacional Gombe, y nuestro programa TACARE (Take care) en las aldeas aledañas. Lucía siempre luce como *un millón de dólares*. Sus trajes son siempre llamativos e impactantes, complementando su rostro encantador, su cabello y sus ojos oscuros, y su vívida personalidad. Por eso no me la podía imaginar en este viaje. Pero en ese momento, mientras conversábamos, me di cuenta que estaba olvidando que en su juventud ella había crecido en las montañas de Colombia. Ella estaba más que lista para el reto, tanto que escaló el difícil ascenso a la cumbre donde yo solía sentarme con mis binoculares, al comienzo de mi investigación.

La montaña es escarpada, y Lucía sufría un terrible dolor de espalda debido a una caída previa- pero ella no lo dijo hasta el final del viaje. Ella nos acompañó en cuatro de las 24 aldeas vecinas de Gombe que se han beneficiado de nuestro programa TACARE, que procura el mejoramiento del nivel de vida de sus habitantes de un modo ambientalmente sostenible. Como a otros del grupo, a Lucía la conmovió la pobreza que vió y le impresionó la fortaleza de la gente. Fue de gran apoyo a nuestros esfuerzos por traer algo de luz y dignidad a sus vidas y darles más esperanza en los tiempos por venir.

Yo observé la calidez con la que Lucía interactuaba con adultos y niños y noté en sus ojos el deseo de ayudar, de acercarse a ellos, no obstante tener un modo de vida tan distinto al de ellos. Así fue como yo descubrí que Lucía De García era ciertamente un espíritu generoso. Su determinación por marcar diferencia — con el propósito de lograr un mundo mejor — es impresionante. Ella siempre esta motivada para *crear puentes de entendimiento* entre las gentes de diferentes culturas, religiones, y convicciones políticas.

"Creando Puentes de Comprensión" es un relato honesto y apasionante de la rica y variada vida de Lucía. Ella nació en el seno de una familia afectuosa de modestos recursos en una pintoresca región de Colombia. Nos comparte las dificultades que soportó en su niñez mientras luchaba contra la complejidad propia de la condición social suramericana de la época. Y seguimos su transformación de ser una niña con complejos de inferioridad a una joven inteligente y fuerte de voluntad, dotada de gran determinación para forjarse, por sí misma, una vida digna en los Estados Unidos de América.

Nosotras tenemos una cosa en común: ambas admitimos la enorme influencia que nuestras familias tuvieron en nuestras vidas, especialmente nuestras madres. Lucía atribuye sus mejores cualidades: determinación, valentía, y la capacidad para enfrentar grandes obstáculos, a su madre.

Ella está convencida de haber llegado a ser la personificación del sueño de su madre. Ambas sostenemos y sacamos la fuerza interior de los fuertes lazos familiares.

Recientemente, observé a Lucía con sus dos nietos. Ellos iban para una fiesta de Halloween, vestidos de hada madrina y de príncipe, y pude ver a Lucía reviviendo su propia niñez.

En realidad, parte de su encanto es que Lucía no ha perdido la esencia de su infancia — la capacidad de asombro y el disfrute por la vida. Esto le da una inocencia especial que la hace muy atractiva y carismática.

Este libro expone una fascinante historia de una mujer apasionada, talentosa y de un corazón cálido, decidida a permanecer fiel a su visión, de realizar sus sueños y aprender todo lo que más pueda del mundo que la rodea.

La presente obra será fuente de inspiración para quienes la lean, y los alentará para ir en busca de sus propios sueños, para vivir la vida a plenitud, tomar todo lo que ella ofrece y, lo más importante, retornarlo todo sin medida.

Jane Goodall Ph.D., Dama del Imperio Británico
Fundadora del Instituto Jane Goodall,
Mensajera de la Paz de las Naciones Unidas
www.janegoodall.org

Bournemouth, Reino Británico
Noviembre de 2005

La Dra. Jane Goodall es una científica de renombre, altamente respetada por su rompimiento de esquemas en la investigación de los chimpancés en estado salvaje y por su activismo humanitario y del medio ambiente. Entre sus numerosos premios y reconocimientos están: Mensajera de la Paz de las Naciones Unidas, Dama del Imperio Británico por su Majestad la Reina Isabel II, La Legión de Honor de Francia, y la Medalla Hubbard de la Nacional Geographic Society. La Dra. Goodall pasa mucho de su tiempo dictando conferencias, compartiendo su mensaje de esperanza hacia el futuro y alentando a la juventud a marcar una diferencia.

El Instituto Jane Goodall fue fundado en 1977, y la Dra. Goodall continúa la investigación pionera del comportamiento del chimpancé -- investigación que transformó la percepción científica de la relación entre los humanos y los animales. Hoy, el instituto es líder global en el esfuerzo por proteger chimpancés en su hábitat. Tal organización es ampliamente reconocida por establecer innovadores programas de desarrollo y conservación en África, y el programa de educación *Roots & Shoots,* que tiene grupos en más de 132 países.

Para más información, por favor visite:

www.janegoodall.org

Introducción

Escribir es, como la vida misma, un viaje de revelación...
Una aventura metafísica,
Una manera de acercarse indirectamente a la vida,
De lograr una visión total del universo.

El novelista vive entre los mundos superior e inferior
Y escoge el camino para que se convierta, finalmente,
En el suyo propio.

— Henry Miller, Escritor Estadounidense (1891 · 1980)

La idea de consolidar el tema central del presente libro empezó a formarse en mi mente hace poco más de un año cuando, en un inusual momento de soledad, me paré en lo alto de un acantilado con vista al océano Pacífico en tanto que contemplaba la esplendorosa puesta del sol del sur de California. Mientras observaba en el horizonte los hermosos tonos naranja y rojo del crepúsculo, la brisa marina susurró en mis oídos la apenas perceptible voz de mis ancestros que me suplicaban, desde siglos atrás, que escribiera la crónica de sus luchas. Me pareció determinante que sus esfuerzos, que tanto influyeron en mi formación, podrían ser la fuente de inspiración para escribir este relato. Entonces tomé la decisión de emprender la aventura de escribir esta historia, con la esperanza de que sirva como un testimonio perdurable de las luchas y tribulaciones de mis antepasados y como una guía para motivar a otros que compartan sus experiencias vitales en la palabra escrita.

Mi relato podría inspirar e incentivar a quienes escogen el sendero de las dificultades, camino que nos lleva a entender las diferencias culturales que dividen a los habitantes de nuestro planeta. Es mi ferviente deseo alentar a quienes están en la búsqueda de su viaje interior para tener la compasión y el conocimiento multicultural necesario y llegar a ser *creadores de puentes* que transforman el rostro humano de la Tierra. Este libro, "Creando Puentes de Comprensión" los puede guiar.

Yo nací en la región norteña del continente suramericano, en Los Andes — la más larga cadena montañosa del mundo. Fuí la quinta de once hermanos y mi nombre completo es Lucía Fabiola Giraldo Estrada según la tradición cultural latinoamericana que reafirma en nosotros el sentido de las tradiciones para no olvidar jamás las raíces que se sostienen, al menos, en las tres últimas generaciones.

Esta narración contiene anécdotas tanto humorísticas como dramáticas. Es una reflexión sobre experiencias familiares y de amigos que han marcado por siempre el curso de mi vida. Aquí se incluye la vieja sabiduría, poesía y canciones, algunas traducidas del inglés al español, que aún resuenan en mi corazón, carta de navegación en mi vida y mí alimento espiritual.

Quiero compartir con aquellos a quienes he conocido en mis incansables y frecuentes viajes a través del mundo y que han transformado mi vida: líderes mundiales en los campos de la política, la religión, los negocios, la sociedad en general y las artes. También deseo compartir sucesos que me conmovieron profundamente al visitar lugares sagrados. Les he rendido homenaje al lado de creyentes, en los que incluyo monjes benedictinos, chamanes, musulmanes, hindúes, budistas, cristianos y judíos, quienes han contribuido al fortalecimiento de mi ser espiritual.

He enfrentado diferentes retos: ser mujer, inmigrante - perteneciente a una minoría pública por definición -, latina o hispánica, casada con un latino, madre de dos hijas, quienes tuvieron la audacia de aventurarse en el campo de los negocios internacionales, y viajera, casi siempre sola a lo ancho del mundo para continuar en la búsqueda de mi visión. Enfrentada a estos retos a través de los años, finalmente los superé. Es preferible buscar la solución a los problemas que paralizarse ante ellos.

El español es mi lengua materna y el inglés mi segundo idioma, aprendido en mi fase adulta. Mientras escribía este libro, los dos estaban presentes, en tanto yo viajaba a las profundidades de mi corazón para penetrar en mis sentimientos y describir las experiencias de mi vida.

Descubrir un mundo nuevo es una aventura que exige muchos retos. Algunos de nosotros idealizamos nuestros sueños pero no hacemos el esfuerzo para hacerlos realidad. Las razones son obvias: se requiere dinero, tiempo y determinación. La incertidumbre ante nuevos rumbos, culturas y tradiciones, lo desconocido que se encuentra en el camino y la añoranza de lo familiar son parte de los retos que se deberán enfrentar.

Estos misteriosos ingredientes me han embarcado en *el camino menos frecuentado* y me han facilitado el descubrimiento de mundos nuevos. He estado en remotos y exóticos lugares, de norte a sur del continente americano, desde el estrecho de Bearing hasta el de Magallanes, a lado y lado del eje de las Américas. De este a oeste de los cinco continentes, pasando por el estrecho de Gibraltar entre África y Europa, navegando por el mar Mediterráneo, el mar Caribe, el mar de China Meridional, el océano Indico y el Pacífico.

En el sur y en el oriente del continente africano en safaris o visitando recónditos pueblitos y montañas para trabajar en programas de educación infantil con el propósito de enseñar a los niños a sobrevivir, conservar el medio ambiente y proteger las especies en vía de extinción.

Es parte de mi misión y mi legado hacer un aporte a la humanidad en construir puentes de esperanza y entendimiento, puentes entre gente que respeta las diferencias y los valores de sus semejantes. Estos son los puentes que los pueblos de todas las culturas deben crear, restaurar y cruzar juntos para alcanzar la tierra de unidad y paz para todos.

Mi vida tan plena de experiencias me llenó de valor para enfrentarme a la misión de relatar mi historia y, en mi senda espiritual, me sirvió de guía, inspiración y fortaleza para completar este libro.

Me siento agradecida con aquellos que creyeron en mis sueños, mis mentores. Quienes intentaron desalentarme, fueron mis retadores. Los llamo mis *tor-mentores*. Finalmente, a los que encontré a lo largo del camino y contribuyeron en gran medida al logro de mis ideales, les digo:

!Gracias, muchas gracias!

Errabundos Constructores de Puentes

Hago mención de algunos de los constructores de puentes a quienes admiro por sus descubrimientos en las travesías en pos de sus sueños. Estos aventureros vinieron de distintos países y culturas, con diferentes antecedentes y visiones del mundo y con una clara percepción de la realidad.

— El genovés Cristóbal Colón, que creyó que era posible llegar al Oriente viajando al Occidente y aplicó su persuasión con los Reyes de Castilla, Fernando e Isabel, para financiar el viaje audaz que significó el descubrimiento del continente americano. De esta forma la civilización occidental hizo presencia y progreso en el Nuevo Mundo a costa de la destrucción de las culturas aborígenes.

— El portugués Vasco da Gama, navegante y guerrero, descubridor de una ruta marina para comunicar Portugal con la India venciendo temores y logrando imposibles.

— El florentino Américo Vespucio, famoso navegante italiano quien, finalmente y sin lugar a dudas, reconoció que el Nuevo Mundo era un continente desconocido. Norte y Suramérica llevan su nombre.

— El español Bartolomé de Las Casas, sacerdote católico, colonizador, educador e historiador. Nombrado "Protector de los indios" por el Cardenal Cisneros, sucesor de Fernando el Católico, fue importante defensor de los derechos humanos a favor de los negros e indios esclavizados.

— El portugués Fernando de Magallanes, experto navegante con una brillante carrera militar. En sus viajes alrededor del mundo, descubrió las indias neerlandesas, lo que es ahora Indonesia. Se le atribuye el mérito de ser el primer navegante de la historia en circunscribir el globo terráqueo.

— El veneciano Marco Polo, un mercader y explorador que viajó entre Occidente y Oriente con determinación. Sus escritos e influencia aún persisten.

— El escocés David Livingstone - *el Pionero de África* - fue un misionero, médico, explorador que ayudó a abrir el corazón del continente Negro a las misiones. Sus viajes cubrieron un tercio de África, desde el cabo de la Buena Esperanza hasta cerca del Ecuador, y desde el océano Atlántico hasta el Índico.

— El norteamericano Abrahán Lincoln por su profundo sentido de la igualdad. Es recordado por su vital papel como líder político en la preservación de la Unión durante la Guerra Civil americana y en la iniciación del proceso que concluyó con la liberación de los esclavos en los Estados Unidos. Fue un hombre de origen humilde cuya determinación y perseverancia lo encumbraron a la dignidad más alta de la nación.

— El más grande general suramericano de la guerra de la Independencia, *El Libertador* Simón Bolívar, estadista y visionario, fue el creador de *El Sueño Americano* y de La Unión Panamericana.

Son todos ellos mis modelos de conducta y fuentes de inspiración para orientar mi vida en la exploración y conquista de nuevos reinos. Es la confirmación de que las ideas son universales: no pertenecen a nadie pero las merecen los valientes.

El Puente de Leonardo Da Vinci

En 1502, Leonardo Da Vinci diseñó un elegante puente con una luz de 240 metros (unos 720 pies). El puente es un arquetipo del arte, la ingeniería y la ciencia renacentistas.

Para Da Vinci, el diseño de la estructura fue un símbolo de inspiración, amor y armonía; la unión entre la tierra y el cielo; una metáfora hermosa para la unión entre los pueblos, las culturas y los continentes.

El proyecto del puente noruego *Leonardo.*

Visite la página www.vebjorn-sand.com/thebridge.htm

Parte I

PUENTES FAMILIARES

CAPITULO I

El comienzo de mi viaje...

Lo importante no es de dónde venimos
Sino hacia dónde vamos.

— Abraham Lincoln (1861 - 1865)

Recuerdo en mi infancia que cuando amanecía mi madre nos reunía en las escalas de entrada de la casa para que el sol nos calentara. Nuestro hogar estaba situado en las laderas de Medellín, ciudad asentada en la cordillera de Los Andes colombianos. Nosotros esperábamos con ansiedad la salida del sol. Al sentirme sola y atrapada por estas gigantescas montañas, yo miraba a lo alto y soñaba con encontrar la libertad en algún lugar de la tierra.

Las montañas fueron mis maestras. Siempre quise escalar los picos más altos de los montes del entorno. Cuan-

Mi madre conmígo en sus brazos cuando yo tenía cuatro meses.

do era niña, apreciaba el acto de ir más allá de la mayor altura como un reto desafiante. La alta montaña llegó a ser un símbolo de fortaleza y esperanza en la ruta hacia el éxito

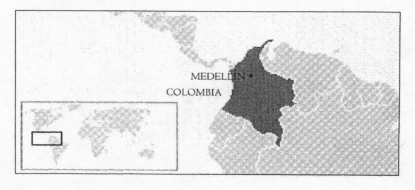

El Canto del Antioqueño
Himno Oficial del Departamento de Antioquia

Oh Libertad que perfumas
Las montañas de mi tierra
Deja que aspiren mis hijos
Tus olorosas esencias.
¡Oh Libertad, Oh Libertad!

Amo al sol porque anda libre
Sobre la azulada esfera
Y al huracán porque silba
Con libertad en la selva.

Al hacha que mis mayores
Me dejaron por herencia
La quiero porque, a sus golpes,
Libres acentos resuenan
!Oh Libertad, Oh Libertad¡

— Epifanio Mejía, Poeta Colombiano (1838 - 1913)

Medellín, la ciudad en que nací, es la capital de Antioquia y está localizada en el centro de la zona andina colombiana. "La Ciudad de la eterna primavera" está asentada en un valle rodeado por verdes montañas del bosque húmedo tropical que se combina con la frontera agrícola local. La urbe está habitada por dos y medio millones de personas y exhibe un grado alto de industrialización, según los estándares latinoamericanos. Los antioqueños o *paisas* son una fusión de etnias, grupos humanos de diverso origen y prácticas religiosas que cultivan la ética del trabajo arduo como el mayor valor de su capital social. Además, se les considera dueños de un fuerte sentido de la responsabilidad, leales a sus tradiciones, y orgullosos de su región. Son cultores de los valores familiares y con una notable dedicación al mejoramiento de los niveles educativos, culturales y económicos de sus gentes.

Una Herencia Multicultural: Hispánica-Europea

El patrimonio social de Colombia proviene de una fusión de diferentes culturas.

El español Rodrigo de Bastidas descubrió la costa norte colombiana en 1501. El país de entonces estaba habitado por las culturas indígenas chibchas, quechuas, taironas, aruacos, guajiros y quimbayas, entre otras. La colonización española se inició en 1525 con la fundación de Santa Marta y en 1534 con la de Cartagena de Indias, en la faja caribeña. Desde entonces, pioneros de distintos países europeos, especialmente de la región mediterránea, se establecieron en estas latitudes para llevar a cabo la etapa de la Colonización. Musulmanes, judíos y cristianos de España, conformaron la gran civilización islámica de Al-Andalus, llamada hoy Andalucía. Ellos fueron parte del grupo de los primeros pobladores del *Nuevo Mundo.*

Mis ancestros judíos vinieron a las Américas desde España, a causa de la Inquisición. Siglos más tarde, ayudaban a familias hebreas que llegaron a mi ciudad desde los años 1940 y posteriores cuando huían de la ocupación nazi en medio de la Segunda Guerra Mundial.

Mi abuela materna rastreó su linaje hasta Garcilaso de La Vega, nacido en Cuzco, Perú, en 1539, hijo natural de una princesa inca de nombre Isabel Suárez Chimpu Ocllo, unida a Sebastián Gracilaso de La Vega y Vargas, prominente conquistador. Garcilaso, llamado *el Inca*, es el primer gran prosista de América y uno de los primeros mestizos peruanos. En *La Florida del Inca* hace un recuento de los orígenes y desarrollo del imperio Incaico.

Entre mis parientes de la línea materna se cuentan autores, poetas, intelectuales y diplomáticos. En el lado paterno, encuentro terratenientes, industriales y un oficial militar que luchó en la *Guerra de los Mil Días*, conflicto que antecedió a la secesión de Panamá, en los albores del siglo XX.

Los colombianos heredaron características diversas e incrementaron su acervo de conocimientos debido a la mezcla de múltiples razas. De nuestros habitantes precolombinos, aprendimos a reverenciar la tierra, a defender la vida y a preservar la naturaleza; de los conquistadores españoles, heredamos su determinación y espíritu aventurero y de nuestros ancestros africanos, la tenacidad para trabajar bajo las más difíciles condiciones que podamos imaginar.

La combinación de tales grupos raciales tejió un consistente tapiz de ideas, visiones y pensamientos. Hoy en día, los latinoamericanos son un poderoso testimonio de fragorosa lucha originada en la mezcla del Viejo y del Nuevo mundo, y logran significativos avances en la transformación de estos extensos países en un vasto territorio sin fronteras.

El futuro de Colombia es brillante a pesar, y quizás por

ello, de cuarenta años recientes desperdiciados en desórdenes sociales y en luchas fratricidas, no obstante contar con las instituciones democráticas y gobiernos más estables de Latinoamérica. La diversidad de mi país de origen, en combinación con la historia de mi familia, me inspiró en la creación de un entendimiento de culturas plurales para salvar la brecha existente entre las razas de nuestro país adoptivo, los Estados Unidos de América, con las diferentes culturas del resto del mundo.

Durante las pasadas dos décadas, he compartido en mi hogar californiano con amigos de distintos países. Hemos intercambiado gastronomía, arte, artesanías y costumbres, y hemos construido puentes que nos han ayudado a comprender las diferentes nacionalidades. Con líderes comunitarios, dirigí encuentros de inducción en la creación de entendimiento multicultural con nuestros hermanos en el planeta.

$\mathcal{M}$ is Padres

La alegría es más profunda que la tristeza.

Joy is deeper than sorrow.

— Fredrick Nitzche, Filósofo Alemán (1844 - 1900)

Ana Carolina, Mi Mamá

-Dios mío, por favor, mándame todo el sufrimiento ahora para que mis hijos nunca tengan que sufrir esta atroz agonía -le oíamos sus plegarias al Todopoderoso. A la edad de 38 años, Ana Carolina fue diagnosticada con cáncer uterino y, a los 40 sucumbió ante la enfermedad. La noticia devastadora nos golpeó muy fuerte. El más pequeño tenía cuatro años; yo estaba de quince y la mayor, de veinte.

Mi madre alcanzo a documentarse muy bien en el tema de los efectos

Mi Madre Ana Carolina en su Primera Comunión

adversos de la enfermedad. La encontrábamos en su lecho leyendo libros como *On Death and Dying* (Sobre la Muerte y el Morir) de Elizabeth Kubler-Ross, el cual describe las cinco fases del duelo y nos explicó este proceso.

El curso de la enfermedad fue largo y doloroso y tomó dos intensos años de dificultades permanentes. Mi madre era una católica devota y cuando estaba en los períodos de mejoría entre los tratamientos de radiación, subíamos con ella hasta la cima de una montaña, de donde se divisaba la ciudad de Medellín. Allí hay una estatua, réplica del Cristo Redentor de la Montaña del Corcovado en Brasil. En su condición delicada y débil, nos tomaba horas en alcanzar la cima. Cuando llegábamos, nos arrodillábamos para rezar el Rosario y rogarle a Dios que le devolviera la salud.

Estos rituales agridulces continuaron por varios meses hasta que, al fín, murió.

Con mucha tristeza, todos comprendimos que el cáncer había ganado la batalla. Trágicamente, ni la ciencia ni la fé pudieron lograr el milagro de la curación.

Los últimos meses y días antes de su muerte fueron, para nosotros los hijos, angustiosos. En el camino de regreso del colegio nos apabullaba la incertidumbre de encontrarla viva o muerta.

¿Cuándo lleguemos a casa, estará aun viva?

¿La podremos ver una vez más?

¿Recibiremos la noticia trágica de su día final?, me preguntaba.

En una mañana de sábado, previo al Día de la Madre, mientras todos estábamos estudiando, nos convocaron a la casa para que estuviéramos presentes en el lecho de muerte. Mi madre sabía que se iba a un largo viaje y llamó a quienes la cuidaban para que la prepararan.

-Ya estoy lista. Báñenme, inicio una larga ausencia.

Los adioses fueron estresantes. Rodeada de todos sus hijos, de nuestros abuelos paternos y maternos, de sus cinco hermanos y sus proles, ella les pidió a cada uno su perdón, nos bendijo y nos exhortó para que hiciéramos del honor, el pendón de nuestras vidas. Con el estoicismo propio de su carácter, ella estaba lista para partir. Sin embargo, en el último minuto lanzó un gemido doloroso:

-Mis hijos, Señor, mis hijos, no quiero morirme, no puedo ni debo abandonarlos.

Este lamento desgarrador permanece conmigo por el resto de mi vida.

La enterramos el Día de la Madre en el principal cementerio de mi ciudad, donde ella nos llevaba cada domingo después de Misa a aprender sobre la vida y la muerte y admirar las esculturas y mausoleos que adornan este artístico lugar de descanso eterno.

Cientos de personas de todas las edades y rangos sociales asistieron a los servicios exequiales, quienes se beneficiaron de su sabiduría y generosidad. Ella fue amiga de todos y su mensaje de igualdad todavía hace eco en nuestras mentes. Ella nos recordó, constantemente, "Todos somos hijos de Dios."

Las responsabilidades morales, emocionales y de supervivencia quedaron en nosotros, según la capacidad de cada cual para colaborar en la crianza de los más jóvenes, y para obedecer y ser guiados por los mayores.

Ana Carolina, se levantó en el seno de una familia con conciencia política, convicciones liberales y fe católica, heredadas de sus mayores. Ella era una intelectual, pensadora y creadora cuyo pasatiempo favorito era tararear pasajes de las operas famosas. De niños oíamos música clásica que hacía las veces de canciones de cuna.

Aprendimos a bailar al golpe y ritmo de nuestra herencia africana, a tocar instrumentos de nuestros aborígenes, y a cantar los famosos corridos mejicanos de nuestros vecinos del norte.

Las obras de Alberto Moravia, Albert Camus, Franz Kafka, y otros fueron tratados en sus tertulias. Éstas se hacían en nuestro hogar varias veces al mes y asistían muchos de los intelectuales de la época. Libros como *La Guerra y la Paz* de León Tolstoy, *La Importancia de Llamarse Ernesto* de Oscar Wilde, entre otros, eran discutidos, lo mismo que los asuntos sociales y los temas candentes de la política nacional.

De niña, me escondía detrás del sofá en la sala para escuchar todas estas conversaciones, que dejaron en mí una marca indeleble, útil para mi desarrollo intelectual.

Los regalos que recibí de este temprano intercambio de ideas, más tarde me ayudarían a ser más asertiva en mis creencias, a ser más conciente de mis preferencias políticas, a desarrollar una curiosidad por las religiones del mundo, a expandirme en las lecturas de los maestros, y a afianzar tanto el entendimiento como la apreciación por la música universal.

"Dios manda a cada hijo con un pan debajo del brazo", -mi madre respondía cuando las amigas descubrían que ella estaba embarazada con otro hijo.

Con la mezcla de razas, nosotros éramos de diferentes colores y tonos de piel que nos hacían valorar más la diversidad. Cuando el tema de nuestras diferencias salía a flote, ella solía decir:

"Somos como café con leche; algunos nacemos con más café y otros con más leche."

Su consejo constante para seleccionar las amistades honorables se fundamentaba en refranes o proverbios, tales como:

"Dime con quien andas y te diré quien eres."

"Cada tejo con su aparejo"

"Al que a buen árbol se arrima, buena sombra le cobija."

Para invocar el equilibrio en los conflictos personales nos repetía:

"Nobleza obliga"

"Lo cortés no quita lo valiente."

Mi madre hizo muchas obras caritativas en el hogar como costurera para familias escasas de fortuna. Cuando le preguntaban:

-¿Cuánto le debemos Doña Carolina? -ella respondía, -lo que ustedes puedan pagar. Esta clientela no tenía los recursos suficientes, así que le abonaban pequeñas sumas de dinero. Con el pago que recibía compraba más tela para continuar su labor. Ella colaboraba con el sustento de nuestra familia y les ayudaba a sus padres y a otros parientes necesitados.

Los discapacitados físicos y mentales, así como los menos privilegiados encontraban en mi madre aceptación y llegaban a la puerta a solicitar una palabra de ternura, comida o ropa. Ana Carolina les decía:

"Pa' todos hay"

"Échenle más agua a la sopa."

A menudo se refería a dichos relacionados con las tres cosas que uno debería realizar en la vida:

"Plantar un árbol, tener un hijo, y escribir un libro."

Durante las vacaciones escolares solíamos ir a una finca en las montañas para aprender a coexistir con la naturaleza.

"Cada hoja se mueve solo con la voluntad de Dios" -nos recordaba mi madre.

Antes de que el sol apuntara en el oriente, ascendíamos al pico más alto de la región. Cada madrugada nos bañábamos en las gélidas aguas de los ríos y aprendíamos a enfrentar el peligro de las veloces corrientes y los amenazantes torbellinos. Ordeñábamos las vacas y bebíamos su espumosa y tibia leche en *totumas*, recipientes del fruto del totumo, un arbusto tropical y que nosotros mismos elaborábamos. Frecuentábamos un lago o charco cercano donde nos iniciamos en las artes elementales de la pesca.

Con la ayuda de los mayordomos, aprendíamos a sembrar y a cosechar verduras y frutas, las cuales consumíamos después; cortábamos troncos de eucaliptos para construir puentes sobre quebradas y riachuelos y luego los cruzábamos a lomo de los amables trabajadores de la finca.

Antes de la puesta del sol, en la distancia, veíamos una sábana blanca extendida en el árbol más alto que nos indicaba que ya era la hora del regreso a la casa de campo.

Lo allí vivido fueron experiencias que la naturaleza nos brindó y que ayudaron a hacer más recio nuestro carácter, más fina nuestra sensibilidad y más elevado nuestro espíritu. Estas enseñanzas nos sirvieron de escuela para enfrentar las diversas circunstancias de la vida.

Mi madre nos exhortó para que defendiéramos las causas que encajaban con nuestras creencias, y a participar en acontecimientos que pudieran transformar nuestro sistema político.

Ana Carolina fue una mujer valiente y sensata, de alta motivación hacia la búsqueda de la excelencia, de firmes convicciones y poseedora de múltiples dones, de los cuales el más destacado en ella era el *don de gentes*. Además, a *Carola Estrada*, como la llamaban sus allegados, le endilgaban una característica *muy espiritual*, lo que significaba ser alegre, jovial y carismática. Tenía una tremenda reverencia por todo ser viviente en el universo.

En su paso fugaz por la tierra, me enseñó a valorar cada minuto de tiempo, a considerar la vida como lo más preciado y a tener firmeza de carácter. Su legado es mi legado y un homenaje para todos mis descendientes. En cierto modo, mi esfuerzo vital ha sido dedicado a la realización de su visión.

En los tiempos de nuestros abuelos
El conocimiento del mundo estaba en el Poder.
En la presente generación,
El conocimiento es el Poder del mundo

—— Irving Standing Chief, Indio de Norte América

Carlos Enrique, Mi Papá

Mis padres se conocieron en un bazar de la iglesia donde mi madre estaba encargada de la rifa de una muñeca. Mi padre la siguió, compró un tiquete y dijo: "A esta muñeca me la voy a ganar yo," refiriéndose a mi madre. Así fue como mi familia comenzó.

Papá Enrique era músico y dueño de una imprenta. En nuestro tiempo de ocio, después de completar las tareas del colegio y en fines de semana, trabajábamos en su negocio para ganar dinero extra. Adquirimos la habilidad en las cuestiones financieras, obtuvimos buenos conocimientos en la gramática y, ante todo, reconocimos en una edad temprana, que el trabajo arduo debía ser bien remunerado.

Durante los tiempos de caos político en los años cincuentas, el partido de oposición pretendía remover del poder a la dictadura militar y comisionaron a mi padre para que imprimiera boletines en su contra. Para entonces, el negocio lo habíamos instalado en nuestra propia casa en el

Carlos Enrique Giraldo
Botero cuando contaba
18 años

primer piso y nosotros vivíamos en el segundo. Una noche, el ejército se apoderó de las pocas imprentas que existían en ese entonces en la ciudad. A las 2 de la mañana las puertas de mi casa sonaban insistentemente y el ruido estrepitoso nos despertó. Rápidamente bajamos a cambiar la tinta de las máquinas impresoras para despistar a los oficiales. Las puertas se vinieron abajo y ellos no pudieron encontrar la fuente de la propaganda anti-oficial.

En Colombia imperaba una estructura matriarcal doméstica. Mi padre era una fuerza pasiva en nuestro hogar y profesaba la cultura machista en la que los hijos varones eran preferidos. Así que las hijas teníamos que guardar cierta distancia de él. Mi madre era quien tomaba las decisiones, la educadora, la fuente de la fortaleza y el soporte espiritual en nuestra unión familiar.

Al morir Ana Carolina quedamos sin su constante aliento e inspiración vital que nos había sostenido por muchos años. Tendríamos que valernos por nosotros mismos. En su ausencia, ¿quien tomaría las decisiones importantes en la familia?

Después de la muerte de nuestra madre, Pápa Enrique fomentó la música para darnos fortaleza y sustento para el alma, y la entronizó en el centro de nuestras reuniones familiares. Cada uno tomó un instrumento para tocar melodías que trajeron consuelo a nuestra pena.

Mientras continuaban con sus estudios, mis hermanos formaron una agrupación musical llamada *Los Claves*. Este grupo amenizaba las fiestas en los clubes privados, festivales de la ciudad y se presentaban en la televisión. Más tarde llegaron a grabar varios discos. Ellos estudiaron en diferentes universidades con carreras profesionales como: Administración de Negocios, Derecho, Ingeniería, Arquitectura, Artes Plásticas y Música.

Mis padres enfrentaron numerosos retos mientras levantaban su familia. Con tantos hijos, más de uno sufrió los padecimientos de la época. Cuando alguno se enfermaba de tifoidea, viruela, tos ferina, o paperas, los demás estaban expuestos a enfermarse también. Durante los años 40, miles de niños padecieron males discapacitantes y muchos no sobrevivieron.

¡El pánico cundía por todas partes!

Mi hermana Olga Cecilia tenía cinco años cuando fue diagnosticada con polio. En 1942, hubo una epidemia de parálisis infantil o poliomielitis en todo el mundo. En las ciudades, los vecinos divulgaban ante las autoridades cuando sabían que alguien conocido había contraído la enfermedad. Las autoridades se llevaban estos niños contra la voluntad de sus padres y los internaban en sanatorios especiales para evitar el contagio. Muchos fueron infectados y quedaron lisiados de por vida.

Los síntomas del polio se evidenciaron en Olga Cecilia quien desarrolló fiebre alta y no reaccionaba de la cintura para abajo. Mis padres llamaron al médico de la familia y él les confirmó la triste noticia. Alarmados, en una noche tenebrosa, a la una de la mañana, mis padres la envolvieron en una sábana y se la llevaron a esconderla en una casa de campo en la montaña por varias semanas hasta que la conmoción se disipara y ella pudiera ser tratada independientemente.

El único efecto colateral de esta seria enfermedad fue que una de sus piernas quedó más corta que la otra. En los años siguientes todos los hermanos tomaríamos parte en el proceso de recuperación. La terapia consistía en hacer ejercicios de estiramiento, escalar montañas, y correr juntos para que Olga Cecilia pudiera integrarse a los juegos infantiles.

Después de varios años, veíamos a otros jóvenes que habían quedado impedidos, caminando con muletas, abrazaderas metálicas o sillas de rueda. Todos los hermanos participamos en la tarea audaz para que nuestra hermana sobreviviera esta incapacidad y se aliviara.

Mi hermano mayor Jorge "Henry" Enrique contrajo meningitis cuando era un pequeño y esta enfermedad lo convirtió en prisionero de su propia mente y en un alma atormentada. Mis padres lo trataron con especial afecto, nunca lo presionaron para que de joven terminara una educación superior como el resto de sus hermanos.

Más tarde, el demostró una pasión extraordinaria por la música, se desenvolvió de modo talentoso en los instrumentos de teclas y se unió a la banda de los otros hermanos. Con un especial talento en las letras, él nos describía por medio de cartas sus viajes por el país con la inspiración de un gran poeta. Yo nunca olvidaré su amabilidad y su ternura, en especial hacia los niños.

Desafortunadamente, el licor llego a ser su compañero permanente. En 2002, Henry tuvo un aparatoso accidente automovilístico, donde sufrió múltiples fracturas. Los doctores dijeron que Henry probablemente se moriría y, de sobrevivir, nunca más caminaría. Cansado del confinamiento en su lecho de enfermo, un día se levanto con mucho empeño, y con la ayuda de un bastón, comenzó en la vía de su recuperación. Su valor, determinación y perseverancia le ayudaron a sobrevivir este trágico suceso. Henry es un milagro viviente y una inspiración en su afán por subsistir.

⊕ ⊕ ⊕

En una de mis frecuentes vistas a Colombia, mi padre, que llevaba en su conciencia una pena muy honda y persistente, me reveló su gran secreto: Ligia Odila, su primogénita, murió de neumonía a temprana edad. Una noche de parranda, él llegó a la casa con unos tragos demás, e invitó a mi madre para que lo acompañara a salir a divertirse y a dar serenatas con sus amigos. Las mujeres debían ser sumisas y mi madre se resistió porque la niña estaba con una infección pulmonar severa. Mi padre insistió y ella accedió y cargó con la niña. Como consecuencia del sereno, Ligia Odila murió unos días después y mi padre llevó este remordimiento por largos años.

Al oír esta historia, comprendí el significado de su canción favorita, la que mi padre interpretó y cantó muchas veces en serenatas a mi madre.

Silencio

Duermen en mi jardín las blancas azucenas,
Los nardos y las rosas.
Mi alma, muy triste y pesarosa,
A las flores quiere ocultar su amargo dolor.

Yo no quiero que las flores sepan
Los tormentos que me da la vida.
Si supieran lo que estoy sufriendo,
De pena morirían también.

Silencio, que están durmiendo
Los nardos y las azucenas.
No quiero que sepan mis penas,
Porque si me ven llorando morirán.

— Rafael Hernández, Compositor Puertorriqueño (1892 - 1965)

Nosotros nunca escuchamos a mi madre increpar a su cónyuge. Sin embargo, recuerdo ahora la canción que ella con emoción cantaba para expresar su pena:

¿Donde Estás Corazón?

Yo la quería más que a mi vida,
Más que a mi madre la amaba yo
Y su cariño era mi dicha,
Mi único goce era su amor.

Una mañana de crudo invierno,
Entre mis brazos se me murió
Y desde entonces voy por el mundo,
Con el recuerdo de aquel amor.

¿Donde estás corazón?
No oigo tu palpitar,
Es tan grande el dolor
Que no puedo llorar.
Yo quisiera llorar
Y no tengo más llanto,
La quería yo tanto y se fue
Para no retornar.

— Luis Martínez Serrano, Español (1900 - 1970)

CAPITULO 3

Creciendo en Colombia

Tengo un Sueño
Yo tengo la ilusión que mis cuatro hijos pequeños,
Algún día vivirán en un país
Donde no serán juzgados por el color de su piel,
Sino por el contenido de su carácter.

— **Martin Luther King**, Norteamericano (1929 - 1968)

Tenemos un dicho en la sociedad de habla hispana, "No hay quinto malo."

Yo fuí la quinta en mi familia de once hermanos, y me sentí siempre como la del medio o la hija olvidada. Cuando yo contaba dos años de edad, un día mi madre salió de compras y me dejó bajo el cuidado de mis dos hermanas mayores que tenían entonces cinco y siete años. Ellas reunieron a las amiguitas del vecindario y jugaron conmigo como si fuera una mu-

Mi Familia
Atrás, Henry y mi
Padre; Fila del medio,
Marta Lía, mi Madre
con Oscar Humberto
y Olga Cecilia; Primera
fila, Lucía e Iván Darío

ñeca de trapo, tirándome de un lado al otro. Me rasuraron la cabeza y me aplicaron pintura de maquillaje por todas partes. La burla continuó durante mi niñez. Tímida, larguirucha y frágil, mis hermanos me dieron toda clase de apodos, así que desarrollé un complejo de inferioridad que me identificó con *el patito feo*.

Y, para acabar de ajustar, yo soy *zurda,* una aberración en nuestra subcultura que en aquel entonces se consideraba perverso. Durante la escuela primaria, mi maestra notó mi *defecto* y me exhibía en el centro del salón de clase. Todas mis compañeras se burlaban de mí y me tenían miedo, lo que me hacía sentir como un fenómeno de circo. Como escarmiento, la profesora me castigaba golpeándome con una regla varias veces en la palma de mi mano izquierda hasta que me ardiera. Luego, con la cólera del momento, me torcía la mano derecha hacia atrás, recitaba algunas oraciones y me golpeaba fuertemente una y otra vez. A continuación, amarraba mi mano izquierda detrás de la espalda y me forzaba a usar la mano derecha, sin ningún resultado. Estas injusticias duraron hasta sexto grado y me dejaron cicatrices tanto físicas como emocionales.

Hoy en día aún soy zurda y tengo que maniobrar con todas las inconveniencias de un mundo en el que las estructuras son diseñadas para la mayoría, que son diestros, como por ejemplo: abrir una puerta, usar las tijeras, sentarse a comer cerca de alguien que es derecho, etcétera, etcétera.

En los años cincuenta, cursé el bachillerato en el Colegio Mayor de Antioquia, una institución educativa solo para mujeres, semiprivada y subsidiada por el gobierno. Estaba localizado en las cercanías del Liceo de la Universidad de Antioquia, un colegio exclusivo para varones. Eran momentos de manifestaciones y protestas políticas urbanas, similares a las que acontecieron en los años sesenta en la Universidad de California en Berkeley.

Los estudiantes llegaban golpeando las puertas de nuestro colegio para pedir que nos uniéramos a ellos en su lucha por las reivindicaciones democráticas. Cientos de estudiantes nos reuníamos en el Parque Central o Parque de Berrío para oír los discursos de aquellos jóvenes revolucionarios que llegaron a ser más tarde los líderes políticos de la siguiente década.

Durante los disturbios, las fuerzas del orden llegaban con gases lacrimógenos y mangueras de agua de alta presión para disipar las masas de manifestantes. Llenos de pánico, nosotros los estudiantes huíamos despavoridos y chocábamos unos contra otros. En una ocasión, se oyeron disparos, y a mi lado cayó en el pavimento uno de mis amigos con una bala en el corazón. Miles de personas asistieron al funeral de este mártir de la insurrección que marcó el punto crucial hacia el afianzamiento de la democracia en nuestra patria.

En los fines de semana, las jóvenes desfilábamos en los andenes de Junín, la avenida principal, mientras los chicos se paraban contra las paredes de los establecimientos, fascinados con nuestra juventud y belleza. Nosotras usábamos las mejores prendas, ¡lo ultimo de la moda! Queríamos que nos distinguieran, admiraran y llamarles la atención. Ellos nos lanzaban silbidos y piropos, tales como:

"¡Si como camina cocina, me le como hasta el pegado!"

"¡Suegra, váyase con Dios, que yo me voy con su hija!"

"¡Tiene más ojos que una piña mal pelada!"

Fue durante estos años de adolescencia que yo llegué a tener seguridad en mí misma y fue el momento decisivo para que *el cisne* emergiera dulcemente.

⊕ ⊕ ⊕

Cuando regreso a mi ciudad natal, Medellín, para celebrar las fiestas navideñas, me voy para una finca de recreo en las montañas y me reúno con toda la parentela de más de sesenta miembros. Sentados alrededor de la chimenea recordamos nuestra niñez. Entonamos canciones al són de las guitarras, las maracas y los timbales, contamos chistes, hacemos globos de papel de brillantes colores, y luego los elevamos al cielo.

Conversamos sobre las experiencias de nuestros años formativos, lo que nos hace más fuertes y nos acerca el uno al otro cada vez más. En estas charlas persiste siempre una atmósfera de alegría y nostalgia. Venimos de los mismos padres y tuvimos las mismas oportunidades mientras crecíamos. Sin embargo, el carácter diverso y el distinto grado de educación nos condujeron a puertos diferentes de desarrollo personal.

El Profeta en El Matrimonio

Habéis nacido juntos
Y juntos estaréis para siempre.
Pero dejad espacios en medio de vuestra unión
Y que los vientos en los cielos dancen entre vosotros.

Cantad y danzad juntos, y regocijaos,
Pero que cada cual esté a veces solo.
Así como las cuerdas del laúd están solas,
Aunque con la misma música vibren.

Y erguíos juntos, más no demasiado,
Porque los pilares del templo
Se yerguen separados,
Y el ciprés y el roble
No crece el uno a la sombra del otro.

— Kahlil Gibran, Filósofo nacido en 1883 en Líbano

Mi Esposo Álvaro

Mi primer encuentro con mi futuro esposo Álvaro no fue concertado previamente. La tradición en Colombia era que antes de presentarle un pretendiente, la información sobre los apellidos, su condición económica y su educación jugaban un papel importante para que un candidato fuera aceptado en el seno del clan familiar.

Las mujeres se preparaban para ser amas de casa, buenas esposas y madres prolíficas. Mis padres me aconsejaban con esta frase: "Debes ser inteligente para escoger a alguien que pueda mantener a la familia que vas a comenzar." Si una mujer no se había casado a la edad de los veinticinco años, se consideraba una *solterona*.

Álvaro y yo estudiábamos en la Facultad de Arquitectura e Ingeniería de la Universidad Nacional. Mi decisión fue prepararme con una carrera profesional para afrontar el futuro, en caso de que me quedara sola. Para ese entonces, las mujeres que ingresaban a la universidad tenían alta probabilidad de encontrar allí sus cónyuges. En nuestra facultad había quinientos hombres y siete mujeres.

En 1962, después de haber completado el examen de admisión, visité distintas áreas de la universidad con el decano como guía, que resulto ser un amigo cercano de la familia. Yo llevaba un radio transistor portátil en el que escuchaba música caribeña mientras caminábamos. El decano me llevó a ver un estudiante muy talentoso que estaba trabajando en un diseño de interiores con mucho detalle. Álvaro estaba profundamente concentrado mientras lo observábamos a través de la ventana. Parecía molesto con la interrupción y suspendió el dibujo, soltó el lápiz, pero me miro directamente a los ojos, sonrió y se contoneo al ritmo de la música. En aquel momento descubrí la gentileza que transmitía su mirada y su temperamento armonioso. Presentí que mi

futuro estaría ligado al suyo. La búsqueda personal del padre de mis hijos apenas comenzaba ¡y ya había terminado!

Ambos asistimos a varias clases lo que nos dio la oportunidad de estudiar juntos y pronto llegamos a estar románticamente involucrados. Los dos veníamos de colegios exclusivos, o para varones o para mujeres y no era común tener novio dentro del recinto universitario, así que mantuvimos nuestro romance fuera del alcance de nuestros compañeros.

Álvaro nació en la histórica ciudad de Cartagena de Indias, un puerto fundado por el imperio español hace 500 años; hoy es considerado por la UNESCO, como Patrimonio Histórico de la Humanidad y permanentemente es la maravilla de los visitantes. Álvaro descendía de una generación de terratenientes ganaderos, dueños de una bien establecida firma llamada Osorio Hnos. con negocios de importación y exportación de ganado vacuno. Como él era el mayor de tres hermanos y el único varón, sus padres hubieran preferido que él se casara dentro del clan para que así todas las propiedades quedaran dentro de la familia.

Sus papás eran conservadores y tradicionales. Durante unas vacaciones, Álvaro y yo los visitamos para anunciar nuestra intención de casarnos y vivir en el exterior. Ninguna de nuestras familias aceptó nuestros planes. De un lado, Álvaro venía de una ciudad diferente a la mía y mi familia no tenía idea de su historial. Además, mis parientes no estaban seguros que él pudiera sostener una familia por sí mismo. De otro lado, sus padres no querían dar su brazo a torcer y se opusieron a nuestro matrimonio. El solo hecho de pensar

Nuestra Boda en
Cartagena, Colombia

que iniciaríamos una vida nueva fuera de nuestro país les preocupaba. Finalmente, los convencí de permitirnos una oportunidad para salir adelante con nuestros planes, bajo la promesa de que íbamos a trabajar en equipo unidos en la realización de nuestros propósitos en el exterior. También les prometí que algún momento regresaríamos para compartir nuestras vidas cerca de ellos.

Nuestro deseo de llegar a ser independientes y de dar comienzo a la formación de nuestra propia unidad familiar en un ambiente de libertad política y económica nos convenció de que habíamos tomado la decisión acertada. Nos mantuvimos firmes en los propósitos de contraer *matrimonio* y emigrar a los Estados Unidos de América.

Nuestra boda tuvo lugar en 1964 en la Iglesia del Perpetuo Socorro de Bocagrande con vista a la Bahía del puerto de Cartagena, con un esplendoroso ocaso caribeño como telón de fondo. Con la fragancia de la brisa marina, el chasquido de las olas del mar que reventaban en los espolones de roca del malecón, las gaviotas que flotaban en el aire cercano como si fueran invitadas a la ceremonia religiosa, nosotros expresamos con ternura nuestro *si quiero*.

Seguidamente, se llevo a cabo una elegante recepción en un club privado con asistencia de más de trescientos amigos y miembros de ambas familias.

Uno de los regalos de nuestra boda consistió en dos tiquetes de ida y regreso a los EE.UU. para nuestra luna de miel. Nos entrevistamos con el Embajador americano para aspirar a las visas de estudiantes. Eran períodos de *cuotas*, lo que significaba que el gobierno de los Estados Unidos permitía solamente un número específico de inmigrantes colombianos, por cada año. Nosotros presentamos los documentos requeridos que incluían las cuentas bancarias de nuestras familias y una carta en la que ellos se comprometían a cubrir nuestros gastos, en caso de ser necesario.

Durante la entrevista, el Embajador nos advirtió que nosotros no debíamos ser una carga para el país que el representaba, lo cual nos haría las diligencias más fáciles. Aunque no las solicitamos, él nos ofreció las tarjetas verdes ó *Green Cards*. ¡Nosotros abandonamos las oficinas de la embajada con aire de triunfo!

Ésta era la primera vez que nos aventurábamos fuera de nuestro solar nativo, fuera de nuestra patria, y fuimos de los primeros de nuestra generación en emigrar a otras tierras. Ahora, listos para visitar al gran país del Norte, nos fuimos en nuestra luna de miel y nos embarcamos en nuestro afán de abrazar la libertad soñada.

Seríamos libres de criar una familia en un ambiente en el que abundaban las oportunidades, libres de escoger nuestras propias convicciones políticas y religiosas, y de lograr un alto nivel educativo y una suficiente solvencia económica.

Para nosotros no existía *el si* condicional. Quemamos las velas de nuestras naves. Les aseguramos a nuestras familias que seríamos capaces de afrontar las responsabilidades y les dimos nuestra palabra de que nos valdríamos por nosotros mismos. Estuvimos firmes en nuestras convicciones y, no obstante los temores y la oposición de la familia de Álvaro, nos marchamos del país con nuestro equipaje lleno de esperanzas.

Con valentía y determinación para realizar nuestros sueños, nos despedimos con adioses y lágrimas. Permanecimos en contacto con ellos mediante frecuentes cartas que llegaron a ser la crónica de nuestro progreso. También les enviábamos fotos de nuestro primer apartamento amoblado con cosas que comprábamos con el fruto de nuestro propio esfuerzo, en ventas de garaje y en tiendas de segunda mano.

En nuestros hogares de ultramar estuvieron orgullosos

de nosotros cuando anunciamos que esperábamos nuestro primer hijo.

Ellos nos enviaron el ajuar del bebé con Nancy, la hermana menor de Álvaro quien fue una compañía indispensable en esta ocasión especial. Ella convivió con nosotros por varios años hasta que se casó con un ciudadano norteamericano con quien constituyó su familia en EE.UU.

Nuestros más allegados nos visitaban cada año para aprender más del estilo de vida norteamericano. Llegamos a ser el modelo a seguir para ellos y, años más tarde, nos enviarían a los más jóvenes para que completaran sus estudios en este país. Estaban todos orgullosos de nuestros logros, y nosotros nos sentimos felices de servir como puente para que triunfaran en América.

CAPÍTULO 4

Descubriendo América

> *Dos caminos se desviaron en un bosque, y yo—*
> *Yo preferí el menos frecuentado,*
> *Y eso marcó una gran diferencia en mi vida.*
>
> — Robert Frost, Poeta Norteamericano (1874 - 1963)

Nuestra primera decisión al llegar a los Estados Unidos de América era que teníamos que superar la complejidad de vivir en esta inmensa nación, o ella nos devoraría. Arribamos a la costa del Este en diciembre de 1964 durante uno de los peores inviernos en ese país y terminamos gastando todo el dinero que habíamos recibido, como regalos de matrimonio, en ropas abrigadas para esta época. Washington D.C. es una ciudad que muchos extranjeros quieren visitar y nosotros no podíamos ser la excepción. Nues-

Lucía en el Monumento a Lincoln en Washington D.C..

tra fascinación con esta ciudad maravillosa nos condujo a explorar sus majestuosas edificaciones de las instituciones políticas, educativas e históricas y sus museos. Así fue como Álvaro y yo comenzamos nuestra vida juntos.

Teníamos escasos conocimientos del idioma inglés, pero contábamos con el inmenso deseo de aprender y conocer la idiosincrasia de este enorme poderío, así que continuamos en el camino de los retos que a diario se nos presentaban. Manteníamos un diccionario de bolsillo inglés/español, español/inglés siempre a la mano. Aun así, en muchas ocasiones ordenar una simple comida en un restaurante era tarea difícil.

En una mañana de invierno intenso, congelados y hambrientos, paramos en un establecimiento y pedimos un chocolate caliente o *hot chocolate*, ambas palabras muy difíciles de pronunciar. Traté con timidez de decirlas de diferentes maneras sin resultado. Los camareros no tenían ni el tiempo, ni la paciencia de permanecer con un solo cliente y entonces tuvimos que salir con los estómagos vacíos, temblando de frío y desilusionados.

En la primavera del año de 1965, después del riguroso invierno de 1964, durante el cual nos habíamos enfrentado a la nieve por primera vez en la vida, decidimos recorrer de Este a Oeste en un bus de la Greyhound. Ese estupendo viaje a través del país seria el primero de muchos que emprenderíamos para disfrutar la *América the Beautiful.*

Llegamos a California, atraídos por el cálido sol y el maravilloso poderío de lo que es la quinta economía del mundo, o *en busca del oro* como lo hicieron los pioneros durante el siglo XIX. Una vez allí, decidimos permanecer en el sur del estado, cerca de Los Ángeles.

Tuvimos que buscar un lugar donde vivir, un colegio para mejorar el idioma inglés y una universidad para terminar nuestros estudios. Además, buscar un empleo, pero primero necesitábamos aprender a redactar una hoja de vida para poder optar por el primer trabajo.

Los retos del idioma inglés continuaron. En un candente día de verano, yo ordené helado de vainilla o *vanilla ice cream*, y el vendedor me preguntó:

-Big or little?, (¿Pequeño o grande?) -yo le entendí: *frijolito*, pues así me sonaba en español. Me sentía tan feliz de que entendieran hasta que por fin comprendí lo que me querían decir.

Pedir comida en un restaurante era una hazaña.

-Por favor quiero un desayuno con huevos, -ordené en una ocasión.

-¿Cómo quieres los huevos; fritos, duros, blanditos o revueltos?, -preguntó la empleada, y además agregó,

-¿Salchichas, jamón o tocineta?

-¿Qué clase de pan; blanco, francés, integral o tostadas de avena?

Una simple orden de almuerzo de carne y papas daba rienda suelta a una cascada de preguntas:

-¿Quiere sopa o ensalada?

-¿Qué clase de sopa?

-¿Qué clase de ensalada?

-¿Qué clase de aderezo?

-¿Cómo quiere su carne?

-¿A un cuarto, medio, tres cuartos o bien cocinada?

-¿Y las papas? ¿Fritas, horneadas o cocidas?

Teníamos que escoger una de entre estas opciones o morirnos de hambre. Yo no entendía la pronunciación del lenguaje inglés y la velocidad con que estos empleados trabajaban. Ir de compras al supermercado era otro desafío. Había innumerables variedades de alimentos y artículos para el hogar. Sobrevivimos por un tiempo de bananas, huevos con jamón y hamburguesas hasta que logramos mejorar nuestro nivel de inglés.

Álvaro y yo empezamos a hacer amigos, primero acercándonos a todo aquel que hablara nuestro idioma español en un supermercado, centro comercial o en el colegio.

Nuestros primeros empleos fueron oportunidades que acogimos con ahínco. Queríamos aprender la cultura para adaptarnos a ella, obtener las herramientas necesarias para subsistir y prepararnos para, más tarde, levantar nuestra propia familia en la sociedad que ofrecía infinitas posibilidades.

Llegamos a ser parte de la población de inmigrantes que competían por oportunidades de trabajo, vivienda y educación. De noche, yo asistía al colegio para aprender inglés. Todavía necesitaba mejorarlo para hacerme entender.

Mi primer trabajo fue en una fábrica de confección de ropa en Gardena, un suburbio de Los Ángeles. Varias conocidas de origen colombiano trabajaban allí y me habían informado que estaban empleando personas aunque no hablaran inglés. Mi interés por empezar a trabajar en algo me animó de inmediato. Intimidada, toqué las puertas de este recinto y una señora mayor mejicana me entrevistó. Yo estaba muy nerviosa y ella advirtió que yo nunca había tenido experiencia previa de trabajo en una fábrica.

-¿Has manejado una máquina de coser alguna vez?, -me preguntó.

-No, pero mi mamá tenía una máquina Singer, -le respondí.

La señora lanzó una estrepitosa carcajada y me dio el trabajo al instante. La oferta fue de US $1,25 por hora y yo dichosamente la acepté.

Mi trabajo consistía en distribuir las piezas o cortes de tela a doscientas costureras, y mantenerlas ocupadas. Los pocos hombres que allí trabajaban eran los dueños que ocupaban puestos de supervisores y eran los únicos que hablaban inglés. Estos individuos, encargados de realizar mediciones de tiempo y movimiento, estaban siempre en nuestras espaldas con un pequeño instrumento que calculaba el período que tomaba producir cierta cantidad de trabajo. A mayor eficiencia, mayor remuneración.

Un pequeño porcentaje de las empleadas era de descendencia africana y, el resto, venía de todas las naciones del planeta, de diferente condición social, idioma y origen étnico. Yo descubrí muchas similitudes con estas mujeres, la gran mayoría inmigrantes que llegaron a este país en busca del *sueño americano*, y con los mismos deseos que yo tenía de proveer un mejor futuro para nuestras familias. ¡Que riqueza de culturas, colores e ilusiones!

Fue en esta fábrica donde advertí el caudal multicultural que hace de los Estados Unidos de América, la nación de mayor diversidad cultural del planeta,

Era un lugar frío, oscuro y estrecho, de piso de cemento y de poco espacio para movernos alrededor. Existía la discriminación entre los trabajadores: los latinos éramos considerados el estrato social más bajo en ese tiempo. Para mí las cosas se pusieron difíciles en el momento que quedé embarazada de mi primera hija. En ese instante, le prometí a mi bebé-por-nacer que yo le daría todas las oportunidades existentes, *habidas y por haber*, para que se educara y llegara a ser alguien, participante de un ambiente diferente y con mejores posibilidades de salir adelante y superar el modelo de sus progenitores.

Yo ejecuté mi labor con pasión, y lo hubiera hecho en un instante sin pago, solo para tener la oportunidad de esta experiencia. Esto me sirvió de guía y de inspiración para trabajar en el propósito de transformar esta tierra mediante la creación de centros para el liderazgo en el campo multicultural.

Jamás subestimo el potencial de nadie pues no me cabe duda de que muchas personas que llegan a ejecutar labores manuales, son hoy del grupo de los responsables de la transformación del continente Americano.

Un año más tarde, yo estaba motivada por encontrar una mejor posición para lograr mejores oportunidades de desarrollo personal. Leí un aviso en un periódico que buscaba un inspector para la firma que manufacturaba los famosos vestidos de baño Catalina. El sueldo tenía un aumento de US $0.25 centavos por hora. Acepté la oferta y, para mi sorpresa, el primer día de trabajo el supervisor me llevó a una mesa grande similar a la de dibujo que yo usaba en la Facultad de Arquitectura. Me entregó bultos de vestidos de baño para que los revisara y, si encontraba defectos, los llevara a las respectivas costureras para que los repararan.

Durante el siguiente año, conseguí un trabajo en una inmensa bodega de los grandes almacenes de J.C. Penney en Buena Park, con remuneración de US $3.50 la hora. Tenía que inventariar los vestidos que llegaban de la fábrica, colgarlos en largas barras de acero, empacarlos en cajas de cartón, sellarlos con cinta pegante y llevarlos a la plataforma de despacho para ser enviados en contenedores a los almacenes en todo el país.

Cualquier tarea que yo elaborara era parte de mi preparación para continuar mi educación. Para estos tiempos, ya hablaba inglés fluído y estaba lista para subir peldaños más altos en la escalera económica.

A todas estas, Álvaro y yo renovamos con determinación la promesa que habíamos hecho en nuestros comienzos de permanecer en este país *cueste lo que cueste* y de estar juntos para siempre con base en una motivación optimista y de respeto mutuo.

Nuestros primeros años de matrimonio nos acarrearon muchos desafíos. Álvaro encontró su primer trabajo un día que me llevaba a mis faenas. A pocas cuadras estaba localizada la fábrica de Mattel, donde manufacturaban Ken y Barbie. El aspiró para el turno de la noche con un salario de US $2.25 la hora. Le correspondía hacer el suministro de las partes de las muñecas en la línea de ensamble. Yo trabajaba de día, iba a la universidad de noche y luego llegaba a la casa para cocinar la comida y llevársela a Álvaro a medianoche. El regresaba a las cuatro de la mañana, descansaba unas pocas horas y luego iba a la universidad por unas horas.

Mientras tanto, mi esposo continuaba en la búsqueda de otro trabajo con mejor remuneración, hasta que halló un aviso en la prensa que decía:

"Se Busca un Supervisor para Edificios"

Feliz y contento, lo aceptó de inmediato pues parecía una oportunidad prometedora. ¡El trabajo era de vigilante! De nuevo, los tropiezos en la búsqueda por una mejor posición eran debidos a malos entendidos del lenguaje.

Nuestros días eran largos, la nostalgia por los que habíamos dejado atrás era terrible y la comunicación con ellos era casi imposible. Nuestro único medio de contactarlos era por cartas que, o no llegaban, o tomaban una eternidad para recibirlas. Continuábamos estudiando y trabajando, pero el progreso en el aprendizaje resultaba difícil, más allá de lo imaginable.

⊕ ⊕ ⊕

Álvaro estudió Ingeniería Mecánica y encontró un puesto en una compañía importantísima en la rama del diseño y construcción de refinerías petrolíferas en todo el mundo. Fluor Corporation, después Fluor Daniels, se lo llevó a trabajar en lugares remotos y exóticos por todo el globo terráqueo hasta que se jubiló, al cabo de treinta y tres años de trabajo ininterrumpidos.

Para mi esposo, ésta fue, no solamente la gran oportunidad de avanzar profesionalmente y lograr su independencia económica, sino que fue también una excelente oportunidad para viajar con su familia y recorrer el mundo.

Durante este período de prosperidad, nuestra primogénita, Lucía Carolina, nació en 1966 en Baldwin Hills un día de invierno. Después de muchas horas de contracciones y un parto difícil, me llené de pánico al saberme y sentirme sola, en una tierra extraña, en un momento tan importante de mi vida. Yo quería que mi esposo permaneciera a mi lado en el cuarto de preparación para dar a luz. Necesitaba que me consintiera en estos momentos de ansiedad, pero no le fue permitido. Yo lanzaba mis plegarias en mi propio idioma español y las enfermeras fastidiadas me preguntaban:

-¿Qué es lo que usted murmura?

Haciendo un esfuerzo por traducir palabra por palabra, yo repetía:

-!Dios mío, por favor, ayúdame!

Las responsabilidades que yo enfrentaba en este nuevo rol de madre me estremecían.

-¿Qué será de esta pequeña?

-¿Que pasaría si yo muriese?

-¿Cómo sobrevivirá en un país donde no tenemos familiares cercanos para que se encarguen de ella?

-¿Deberíamos regresar a Colombia y comenzar una nueva vida?, con lágrimas en los ojos le preguntaba a mi esposo una y otra vez.

El Álvaro que vivía ahora en la América del Norte compro-
bó que era capaz de ganarse el sustento para su familia. Esto
hubiera sido diferente de haber permanecido en Colombia
bajo la tutela de sus padres.

No quería tener estas mismas preocupaciones por segunda vez. En 1970, en el séptimo mes de mi segundo em-
barazo, decidí irme a Colombia y llevar conmigo a Lucía
Carolina de cuatro años, mientras Álvaro trabajaba en un
proyecto en el extranjero.

En medio del regocijo, Claudia María nació rodeada de
decenas de familiares que viajaron de diferentes ciudades
del país para celebrar su nacimiento y su bautizo.

Regresamos radiantes a los Estados Unidos después de
permanecer mes y medio más con la familia. Claudia María
aun conserva su ciudadanía colombiana con positivo orgullo.

Mi vida en EE.UU. continuaba siendo una portentosa experiencia. Mi círculo de amistades crecía, mi participación
en organizaciones comunitarias y en política afianzaba más
el afecto hacia mi país adoptivo. Ya, con dos hijas, asistía a
las reuniones de sus colegios, participaba en sus actividades
escolares y organizaba sus eventos culturales.

Mientras tanto, integraba mi cultura hispánica al estilo de vida norteamericana. Me incorporé en el círculo de
los negocios de mi esposo con la experiencia adquirida con
compañías multinacionales lo que, años más tarde, me sirvió mucho en el campo de los negocios internacionales.

Ya teníamos los medios para comprar una casa y disfrutar del bienestar que habíamos soñado. En 1974, nos mudamos al Condado de Orange, *la Costa Dorada de California, la*

Rivera Californiana y donde se estableció hace cincuenta años Disneylandia, la atracción más popular en el planeta.

Nuestra residencia estaba situada en la ciudad de Irvine, una de las comunidades urbanas mejor planeadas de la nación. Predominaba *la raza blanca* y mi deseo era incorporarme a la sociedad. Yo recordé las palabras de mi madre:

"Con buena educación, gentileza y una actitud positiva, todas las puertas se abrirán."

"Nunca agaches tu cabeza."

"Haz el bien y no mires a quien."

Éramos una de las dos únicas familias latinas en nuestro vecindario. El apellido hispano de mis hijas y su piel morena clara fueron objeto de discriminación por parte de aquellos que no toleraban convivir con otros grupos étnicos. Para mi sorpresa, cuando años más tarde les conté a mis hijas mi deseo de escribir este libro donde documentaba las experiencias vividas en este país, les pregunté si ellas habían sufrido cualquier clase de iniquidades mientras crecían. Claudia María me confesó que la llamaban en el colegio *mexican beaner* o fríjol mejicano, un insulto racial lanzado a la gente de color oscuro. Orgullosa de su nacionalidad respondió:

-Yo no soy un fríjol mejicano, soy un fríjol colombiano.

Estas insensibilidades nunca fueron obstáculo en el proceso de integración de mis hijas a la cultura norteamericana. Dentro de nuestro hogar hablábamos español, consumíamos nuestra comida típica, escuchábamos nuestra música y conservábamos las tradiciones y el orgullo de nuestra herencia. Fuera del hogar, las niñas se integraron a la cultura que ahora, por derecho, les pertenecía.

Un día, ya cansadas de que sus fiambres fueran diferentes a los de sus compañeros de clase, ellas expresaron su preocupación:

-Mami, nosotros los norteamericanos comemos sándwiches de mantequilla de maní y jalea, perros calientes y hamburguesas.

A lo que les contesté:

-¿Qué? ¿Qué cosas son esas?

Todos fuimos al supermercado y ellas me ayudaron con las compras de alimentos. No más sancochos, ni ajiacos, ni paellas, ni fríjoles con arepa; ya era tiempo para aprender a cocinar carne molida con papas, pollo asado y pastel de manzana.

Como alimento para sus almas, yo les leía con frecuencia el siguiente poema:

Mantén en Alto tu Cabeza

Firme en lo que tú crees
Independiente de las probabilidades en tu contra
Y resistente a las presiones de tus lágrimas...
...es Audacia.

Conservar la sonrisa en tu rostro
Cuando sientes que te desmoronas
Por sustentar a tu prójimo...
...es Fortaleza.

Hacer lo que te dicte el corazón
Y te lo avale el cerebro
Sin detenerte en el camino...
...es Determinación.

Hacer más de lo esperado
Para que la carga que agobia al prójimo
Le sea más soportable sin proferir queja alguna...
...es Compasión.

Ayudar al amigo en la necesidad
Sin que importen ni el tiempo, ni el esfuerzo...
...es Lealtad.

Mantener en alto la cabeza y dar lo mejor de ti
Cuando parezca que la vida se desmorona a tus pies,
Enfrentar cada dificultad
Confiando en que el tiempo
Traerá para ti mejores mañanas
Sin darte por vencido jamás...
...es Confianza.

Mantén en alto tu cabeza
¡Y haz tu vida mejor en cada día!

— Autor Desconocido

Mi Familia Hispanoamericana, Nuestro Árbol Familiar: Viejas Raíces y Nuevas Florescencias

Son ramas del tronco de la vida,
Frutos de nuestras semillas.
Si por nosotros dieron sus primeros pasos,
¿Por qué no habrán ellos de ayudarnos
A dar los nuestros en el viaje final?

—— Lucía De García

Robert, Claudia María,
Álvaro, Lucía, Lucía
Carolina y Anthony
En frente, Delaney
Lucía y Brayden Álvaro

He viajado con mis hijas Claudia María y Lucía Carolina a muchos países y lugares de culto espiritual; estos viajes han creado un vínculo sagrado entre nosotras. Nuestros ancestros los Mayas, los Incas y los Chibchas, entre otros, fueron destacados arquitectos que construyeron ciudades, pirámides y monumentos que hoy representan un símbolo de su grandeza. Nosotras recorremos aquellos sitios con reverencia tomadas de las manos y oramos juntas para obtener un estado de iluminación en nuestras vidas.

Esto trajo inspiración ennoblecida en nuestro entorno familiar y en cada una de nuestras conciencias. Creamos puentes de entendimiento entre el pasado y el presente mediante el incremento de nuestros conocimientos. Visitamos los asientos de antiguas civilizaciones, sitios patrióticos, museos, selvas tropicales y poblados remotos para estrechar las relaciones con el resto del mundo.

Lucía Carolina tiene una fuerte personalidad propia de los primogénitos y es de notoria disciplina y de alta ética laboral. Ella reveló su carácter independiente cuando cumplía sus cuatro añitos. Realizó un viaje a Colombia, sola, en unas vacaciones de verano, donde tuvo que cambiar tres veces de avión para alcanzar su ciudad de destino. Lucía Carolina nos pidió dinero para las propinas de los maleteros en los aeropuertos. Con suma diligencia, ordenó y enganchó los billetes en su faldita.

Hoy en día, muchas veces acudimos a nuestra hija mayor en busca de consejo. Es notoria su firmeza de carácter cuando compartimos temas diversos con ella. Acompaña su juicio con esta exhortación: "No te rindas nunca, sé considerado siempre y apóyense el uno al otro."

Claudia María, la hija menor, es de personalidad sumamente atractiva y de inteligencia notoriamente aguda. Es el centro de las reuniones, la alegría en las fiestas y generosa sin límite. De espíritu libre, de niña no toleraba estar en sitios confinados como un pupitre, una silla alta para niños o un asiento vehicular con cinturón de seguridad. Debido a su exuberante energía, Claudia María correteaba por todas partes, aún en los pasillos de los aviones y los restaurantes, al punto de hacernos sentir desconcertados, en algunas ocasiones.

La entendí mucho mejor en cuanto me identifiqué con su carácter y libre disposición. Aunque yo era de principios más conservadores en mi país de origen, fuí siempre tolerante para que mi hija desarrollara sus rasgos con toda fortaleza. Mi esposo y yo compartimos con nuestras hijas los principios morales y la ética del trabajo arduo que aprendimos de nuestros mayores.

Según la idiosincrasia de este país, los jóvenes se independizan de sus padres a los dieciocho años, edad en que Claudia María quiso encontrar su sitio en la sociedad. Durante cinco años, tuvo una relación sentimental perjudicial, abusiva y exigente con alguien que la indujo a abandonar el nido familiar. Le rogué que no se fuera, pero ella insistió en su propósito. Mi corazón sufrió, como el de todas las madres, y temí perderla para siempre. Pero dejé que viviera su propia experiencia durante unos años y que asumiera y enfrentara de retos por sí misma. Lo único que podía hacer era rezar.

Claudia se comportaba distante y extraña. En los años en que ella crecía, Álvaro estuvo ausente la mayor parte del tiempo, dedicado a su trabajo con proyectos en el extranjero, en tanto yo me ocupaba de construir mi propia empresa. Tenía la esperanza de que un paseo juntas pudiera servir de puente para salvar la distancia que nos separaba.

Tomé unas vacaciones con Claudia María en México, en la península de Yucatán, para conocer las culturas aborígenes mexicanas. El poblado maya de Xcaret es un extraordinario parque temático ecológico y arqueológico al sur de Cancún. Estas ciudades prehispánicas fueron construidas a partir de un núcleo central en torno al cual fueron erigidos sus palacios monumentales. Sentí la necesidad de conectarme con esta arcaica civilización y explorar los túneles, las mágicas cavernas, las formaciones rocosas y los fósiles marinos.

Llegamos al hotel como dos perfectas extrañas. A veces, Claudia María manifestaba su desespero por regresar a casa a visitar a su enamorado. Preocupada, hice hasta lo imposible por conectarme con ella, energizar nuestras mentes y elevar nuestros espíritus.

En una tarde húmeda y sofocante, decidimos ir al río subterráneo en Xcaret, a más de quinientos metros bajo la superficie del terreno para refrescarnos. Llegamos a la orilla del río y nos pusimos los chalecos salvavidas. Claudia María estaba ansiosa por nadar en las aguas, pero yo tenía cierta resistencia. Pero emocionadas, ambas saltamos al río de aguas profundas.

Mi hija, consumada nadadora, se sentía como pez en el agua, mientras yo tenía ciertas dificultades, pues no podía impedir que las corrientes turbulentas me arrastraran. En aguas heladas, con pies y manos luchaba yo por regresar a la superficie. Me estaba congelando. Al ver mis dificultades, Claudia María me suplicaba:

—Mami, mami, déjate llevar por el rió. Sigue, sigue con la corriente, no luches contra ella.

Le hice caso, me volví boca arriba y floté con tranquilidad. De repente, me sentí invadida por una sensación de serenidad en mi cuerpo. Podía escuchar el sonido melodioso del agua en contacto con mis manos como si yo fuera intérprete de un instrumento musical. Miré a lo alto y, a través de una abertura, percibí preciosos rayos de luz.

A lo largo del curso del río, había seis diferentes salidas donde uno podía detenerse y descansar. Si en un sector del río hay gente en demasía, hay muchos otros lugares atractivos donde se puede salir hasta que disminuya la congestión. Unos avisos indican la distancia entre las salidas y nos orientan hasta el final.

Entretanto, Claudia y yo seguimos flotando una al lado

de la otra, en ocasiones tomadas de las manos, susurrándonos expresiones cariñosas, y disfrutando el paseo del río. En aquel instante, sentí que habíamos cruzado el puente, y unido nuestros corazones.

De repente, me di cuenta de la similitud de esta experiencia con la vida, tomando riesgos y saltando hacia lo desconocido. Puede no ser placentero, pero siempre es mejor cuando hacemos algo con actitud y determinación. La luz que nos guía en cuanto ganamos conocimiento y experiencia es lo que, en últimas, nos proporciona auto confianza.

Las rocas a lo largo del camino representan el peligro potencial que existe en nuestros alrededores. Las salidas nos confirmaron que, si yo estaba cansada o me sentía desfallecer, habría siempre una salida. Mi negocio tenía la autosuficiencia financiera y siempre saldría, de todos modos, a flote.

Claudia María no alcanzará a comprender el inmenso beneficio que sus palabras causaron en mí. En aquel sitio, ella me ayudó a reconocer una de las mejores lecciones de vida: *Déjate llevar por la corriente.* Había estado en una competencia de nunca acabar, pensando que hacer dinero era lo más importante, mientras que, a lo largo del camino, estaba perdiendo el más precioso regalo que Dios me ha obsequiado: mi familia. Mis plegarias fueron respondidas y mi hija retornó al hogar. Ahora, ella estaba lista para encontrar un hombre bueno y responsable.

Lucía y Claudia María en las Pirámides
de Chichén Itzá, Yucatán

Mi estilo de vida se apaciguó y yo me acomodé a la vida
familiar con Álvaro trabajando lejos del hogar. Incité a mis
hijas a que estudiaran y se prepararan para afrontar la vida,
ser cuidadosas en la elección de sus afectos y saber encontrar a alguien valioso y digno de confianza, con respeto por
nuestra unidad familiar y, lo más importante, con potencial
de ser el mejor padre para sus hijos. Después de todo, su
padre era la mejor representación del modelo masculino.

Claudia María, mi hija *bumerang*, finalmente encontró
al hombre de sus sueños. Durante sus estudios en Finanzas, ella trabajaba en una compañía de crédito hipotecario,
cuando conoció a Robert, el hijo del dueño del negocio. Al
día siguiente, Robert vino a conocernos en nuestro hogar.
Me impresionó su gentileza y agradable personalidad y su
respeto hacia nosotros. Un año más tarde, la ceremonia de
su boda se llevó a cabo en la Primera Iglesia Presbiteriana,
en Santa Ana. En forma semejante a como sucedió en la ce-

lebración de nuestra boda, ofrecimos una bella recepción al caer el sol. El agasajo tuvo lugar en Orange Hill Center, con vista al océano Pacífico con más de doscientos invitados de diferentes estados y países.

Robert es la tercera generación de una familia con ascendencia alemana, sueca y francesa, y tiene antecedentes similares a los nuestros, en cierto modo: fue criado en el seno de una familia muy unida y con un positivo ambiente para satisfacer las aspiraciones de Claudia María. Además de haberse graduado en negocios internacionales, había vivido en Australia por un par de años, aumentando así su interés por otras culturas. Ambos trabajan en una empresa de la industria financiera y están construyendo un buen soporte para su futuro. Viven cerca de nosotros y, cuando la familia de Robert conmemora los días del Padre y de la Madre, o el Día de Acción de Gracias y la Navidad, siempre nos invitan para participar de las celebraciones. Con Robert, acrecentamos nuestro puente familiar y ganamos un hijo.

Lucía Carolina representa otra historia bien diferente. Ella es centrada y con determinación. Seria y estudiosa, siempre se destaca en lo que hace, ya sea en el estudio, en el trabajo o en el hogar. Es buena esposa, madre y amiga.

Era para mí de la mayor importancia consolidar un negocio familiar y estrechar los lazos familiares. En 1990, Lucía Carolina obtuvo su maestría en Administración de Negocios Internacionales en la Universidad de Thunderbird (The Garvin School of International Management) en Arizona. Ella trajo a *Élan Internacional*, empresa que fundé en 1984, una verdadera perspectiva global y exhibió habilidades en comunicación entre culturas distintas.

A veces, nuestras personalidades fuertes chocaron. Ambas somos compulsivas, seguras de nosotras mismas, independientes y buscamos el liderazgo en cada situación. Después de trabajar con *Élan Internacional* durante tres años, le llegó la hora de volar en espacios abiertos. Al igual que su padre, ella estaba orientada a formar parte de una organización mucho más grande.

Con excelentes habilidades en la arena internacional, Lucía Carolina conquistó una posición en una compañía local de tecnología médica avanzada, que más tarde fue adquirida por otra con sede en el estado de Nueva York. Lucía Carolina se trasladó en condición de Directora de Mercadeo y Distribución Internacional. Antes de dejar el nido familiar, se marcó otra etapa en nuestras vidas. No obstante la tristeza por su partida, nosotros la animamos a ir tras su sueño.

Lucía Carolina disfrutaba de su contratación al estilo de vida del *jet-set* corporativo. Ella viajaba a muchos países del mundo y establecía vías de comprension y comunicación con culturas distintas. Fue hábil al beneficiarse de sus experiencias en *Élan Internacional* y utilizarlas en los asuntos de negocios con gente de distintas culturas. Yo estoy orgullosa de sus logros, lo que nos acercó bastante para compartir nuestras experiencias en el mercado mundial. Mi hija continúa aconsejándome en prácticas de negocios lo que mueve mi profundo agradecimiento.

En una de sus frecuentes visitas a nuestro hogar en California, ella hizo escala en Chicago por asuntos de negocios. Me llamó por teléfono y me comentó que había conocido a un hombre encantador mientras comía con sus compañeras de trabajo en un restaurante. Percibí en su voz su gran interés por él.

-¿Quién es él?

-¿Es casado?

-¿De dónde es?

-Mejor, ven pronto a casa, -le insistí.

La idea de relacionarse con alguien fuera del propio medio me causó alarma. Mi mente retrocedió veinticinco años, cuando mi familia desentrañaba respuestas a los mismos interrogantes al momento que conocí a Álvaro.

Anthony Michael había nacido en Ohio, especializado en Economía en Luxemburgo y vivía y trabajaba en Kentucky. Lucía Carolina había nacido en California y vivía y trabajaba en Nueva York. Con culturas tan diferentes, ¿qué clase de relaciones podrían ellos desarrollar? ¿Lograría Tony entender las profundas raíces de nuestra cultura hispánica?

Ellos hablaban por teléfono todas las noches y se veían cada tres semanas. Yo llegué a comprender más y más de su amistad y, tres meses después, Tony nos visitó en California y nos pidió la mano de nuestra hija.

Su personalidad es atractiva. Él viene de familia de tercera y cuarta generación de alemanes, suecos e irlandeses. Su ética del trabajo es similar a la de Lucía Carolina, tiene gran sentido de responsabilidad y es ambicioso. Los preparativos de las nupcias empezaron con nuestras visitas a Ohio para conocer sus familiares y amistades. Durante el verano de 2000, Lucía y Tony celebraron su boda en el Hotel Meridian de Newport Beach.

Asistieron más de doscientos invitados, entre parientes y amigos. Compañeros de colegio de los años de infancia, gente con quien compartieron su trabajo y personas que conocieron en sus viajes, algunas venían de remotos lugares. Bailamos al són de los aires musicales suramericanos interpretados por un grupo andino. Las fiestas se extendieron por tres días que incluía un partido de golf en la mañana para los señores y un crucero vespertino para todos, amenizado con música caribeña por las islas de Newport Beach. Al día siguiente de la boda, tuvimos un almuerzo con comida mexicana y música de Mariachis en San Juan Capistrano.

Fue una celebración multiétnica que acercó los nexos entre nuestras familias.

Tony y Lucía Carolina construyeron de inmediato una magnífica residencia en Ohio y allí iniciaron su vida familiar. Al principio, nuestra relación con el esposo de nuestra hija no mostró diferencias culturales obvias entre nosotros. Pero nuestras idiosincrasias salieron a flote durante el trato más frecuente que entablamos con el deseo de estrechar el núcleo familiar. Nosotros poseemos una intensa personalidad latina, y esta característica, más, el hecho de hablar español, que Tony no comprendía, le resultó abrumador.

Álvaro y yo acudimos al lado de Lucy Carolina y Tony cuando nació su primogénita, de modo que quisimos estar atentos para desarrollar sólidos vínculos entre los abuelos y la nietecita recién nacida, lo cual es una manifestación importante de nuestra tradición cultural. Lucía Carolina requirió al nuevo abuelo para acompañarlos durante el primer año de la existencia de la niña. Ella pensaba que su padre sería una gran influencia para el bebé.

Álvaro había planeado trabajar desde joven y jubilarse tan pronto como fuera posible, cultivar la relación con sus nietos y reponer el tiempo que él se había ausentado de sus hijas, lo que facilitó su colaboración directa en el seno de la nueva familia. La situación se repitió con la llegada del segundo nieto. Con los ojos nublados, Lucy Carolina comparte con sus amistades estas experiencias de alta vibración en su vida.

Un año después, se llevó a cabo una ceremonia matrimonial católica con la presencia de la primogénita y de los parientes de Tony. Este fue un testimonio de su formación religiosa y un legado para sus hijos. El texto que sigue se los dediqué el día de su boda:

Queridos Tony y Lucía Carolina:

Que sea ésta una ocasión emotiva. Estamos orgullosos de us-tedes y queremos perpetuar la tradición cultural que heredamos de nuestros mayores. Les deseamos de todo corazón un brillante porvenir.

Para Álvaro y para mí, es este el resultado de la educación, la disciplina y los valores que nosotros sembramos en nuestras hijas. Por esto, hasta los hijos de ustedes, nuestros nietos estarán por siempre agradecidos.

Hagan lo mejor posible en cada ocasión que la vida les brinde. Atesoren cada momento que es siempre único y consérvenlo en su memoria.

!Felicitaciones¡

Como regalo de bodas, le entregué a mi hija El Profeta, de Kahlil Gibrán, con esta dedicatoria:

Queridísima hija:

Lee estas páginas con sumo cuidado, en los refugios de soledad que te regalen los momentos tranquilos. Que estas líneas te brinden la comprensión necesaria para escoger la mejor ruta del camino vital. Entonces valorarás por qué, hoy más que nunca, me siento libre.

Finalmente, empecé a comprender la vastedad del firmamento y la infinidad de estrellas y por qué todavía recibo el don de la vida.

Llénate con las bendiciones que el Universo te regala.

Con todo mi amor,
Mami

Nosotros afianzamos los principios y valores en la auto confianza, el respeto por el medio ambiente y la hermandad humana en nuestras hijas. Las impulsamos a construir una mejor generación que la de sus padres. Después de todo, ellas nacieron en Norte América, lugar donde abundan las oportunidades.

Lucía Carolina y Claudia María fueron moldeadas en las culturas hispánica y anglosajona, por tanto hablan inglés y español de manera fluida, lo que las dispondrá siempre a apreciar ese legado cultural y mantener los ideales y tradiciones de sus antepasados en el proceso de integración con otras culturas. Nuestros yernos, Tony y Robert, han hecho esfuerzos por aprender el español. Sus familias nos permitieron entender mejor nuestras relaciones interculturales y ser condescendientes con nuestras diferencias.

⊕ ⊕ ⊕

Por años, he compartido con mis hijas libros, poemas y sabiduría, tal y como mi madre lo hizo conmigo. Esto lo considero, de modo destacado, como un tesoro.

Los Cuatro Acuerdos del escritor mexicano Don Miguel Ruiz presenta un contenido enraizado en creencias toltecas tradicionales. Estos son pasos esenciales en el camino personal hacia la libertad:

1. Sé impecable con tus palabras: Habla con integridad. Utiliza el poder de tus palabras para avanzar en la dirección de la verdad y el amor. La palabra es la más poderosa herramienta del ser humano. Sé impecable con tus palabras y trasciende tu nivel de existencia.

2. No tomes nada personalmente: La impecabilidad de tus palabras te llevará a la libertad personal, al éxito y a la abundancia. Lo que los demás dicen y hacen es una proyección de su propia realidad, de su propio sueño. Cuando seas inmune a las opiniones y los actos de los demás, dejarás de ser la victima de un sufrimiento innecesario.

3. No hagas suposiciones: Encuentra la valentía necesaria para preguntar y expresar lo que realmente quieres. El día que no hagas suposiciones, te comunicarás con habilidad y claridad y tus palabras se volverán impecables. Solo con este acuerdo transformaras tu vida por completo.

4. Haz siempre lo mejor que puedas: Lo máximo que puedas hacer cambiará de un momento a otro; será distinto cuando estés sano que cuando estés enfermo. Bajo cualquier circunstancia, haz sencillamente lo máximo que puedas, y de este modo evitaras juzgarte, maltratarte y lamentarte.

Los Abuelitos

El Nieto

Mi carne, que comienza a sufrir el invierno,
Renueva su esperanza nacida en otro cuerpo.
Sobre el abismo ancho que los años abrieron
La hija - bello puente - me abre camino al nieto.

En mis brazos cansados dormidos lo sostengo
Y es como si llevara una canción en peso.
La vida que yo di ahora es dada en renuevo;
No soy yo quien la da sino lo que más quiero.

En mis brazos mecí ayer mi flor de almendro;
Al fruto de esa flor ahora lo estoy meciendo.

— José María Souviron, Poeta Español (1904 - 1973)

Una de las obligaciones más importantes para los abuelos es transmitir la sabiduría, ilustrar sobre la historia de la familia y entregar un amor incondicional a los nietos.

Tony y Lucía Carolina nos han convertido en los abuelos más felices del mundo. Delaney Lucía y Brayden Álvaro nacieron en Loveland, *la tierra del amor* y el pueblo consentido de Ohio.

Los visitamos por lo menos cuatro veces al año y ellos viajan a California a celebrar cada Navidad con nosotros para continuar cultivando nuestras costumbres, rituales y tradicionales ceremonias religiosas.

Los abuelos orgullosos, Álvaro y Lucía
con Brayden Álvaro y Delaney Lucía

Es una manera maravillosa para que ellos conserven el contacto con su herencia hispana. Les enseñamos las oraciones, las canciones y los juegos que aprendimos de niños; bailamos la música del Caribe, cocinamos nuestra típica comida colombiana y hablamos nuestro idioma español. Todas estas actividades son importantes para que, cuando ellos quieran visitar Colombia, estén familiarizados con algunas tradiciones que hacen parte de sus raíces y se adapten fácilmente a nuestras costumbres siendo parte integral de nuestro círculo familiar.

Nuestros nietos son los nuevos ciudadanos de esta civilización global emergente. Ellos han heredado diversos comportamientos culturales de sus ancestros y son una mezcla exótica con la riqueza de colores y lenguajes diversos.

Yo me pregunto, ¿como será la próxima generación cuando estas relaciones interculturales florezcan?

Un Homenaje al Amor: Juntos, Cruzando Puentes

Ne marche pas devant moi,
je peux ne pas suivre.
Ne marche pas derrière moi,
je peux ne pas mener.
Marchent près de moi et soient juste mon ami.

— Albert Camus, Novelista Francés - (1913 - 1960)
Galardonado con el Premio Nóbel de Literatura en 1957

No camines en frente de mí,
no sé si te seguiría.
No camines atrás de mí,
no llevaría la delantera.
Camina a mi lado y seamos amigos.

Lucía cruzando el Puente Capilano en Vancouver, Columbia Británica

Los primeros veinte años de nuestra vida en los EE.UU. fueron difíciles. Álvaro se ausentó del hogar por largos períodos de tiempo y pronto llegamos a sentirnos como extraños. Yo criaba

99

a mis hijas con las responsabilidades de ser casi una madre soltera, mientras edificaba mi propio negocio en contra de sus deseos y afrontaba una sociedad con barreras hacia el progreso de la mujer. Estos acontecimientos nos hicieron sentir incómodos el uno con el otro.

Nos estábamos adaptando a una cultura diferente a la nuestra, re-educándonos en un nuevo proceso y al mismo tiempo luchando hacia la transformación de nuestras vidas. Yo extrañaba mi país inmensamente, sus idiosincrasias y, sobre todo, mis afectos que había dejado atrás. En los primeros diez años de mi ausencia murieron mis abuelos, mi padre y mi hermano menor Sergio Alfredo, a quien yo adoraba. Yo hubiera querido acudir a estas ceremonias privadas, pero la responsabilidad con mis hijas, la situación económica y las dificultades en el transporte aéreo me prohibían hacer estos viajes.

Caminante no hay camino,
Se hace camino al andar.
Y al volver la vista atrás
Se ve la senda que nunca
Se ha de volver a pisar.

— Antonio Machado, Poeta Español (1875-1939)

Devoción Conyugal

Después de muchos viajes alrededor del mundo, en algunas ocasiones de vacaciones con la familia, otras veces cumpliendo proyectos de negocio en el exterior, mi esposo y yo decidimos tomar un viaje diferente, un viaje que nos llevara hacia la libertad que anhelábamos. Queríamos volar y levantarnos hacia los espacios, ahora que ya sentíamos la carga más liviana de lo que habíamos sobrellevado todos estos años. Ya era tiempo de que nos sintiéramos más familiarizados el uno con el otro, con el país que nos había acogido y que habíamos llegado a amar.

Estados Unidos tiene una gran trascendencia geográfica e histórica. Explorar este país era muy importante para nosotros y sabíamos que sus maravillas naturales eran cautivadoras. Queríamos conocer los lugares donde los primeros inmigrantes arribaron, ver los campos de batalla de la *Guerra Civil* y caminar en las sendas forjadas por exploradores de tierras lejanas. Este era un sueño que ambos compartíamos. Ya era hora de recorrer el continente norteamericano.

Apenas comenzaba el verano del 2003, cuando tomamos una decisión importante. Si bien amábamos nuestra residencia en Irvine, estábamos determinados a venderla. Era muy difícil pues este era el hogar donde habían crecido nuestras hijas. Pusimos la casa en venta y dos días más tarde nos embarcamos en un viaje a través de este enorme país.

Empacamos en nuestro carro los más mínimos objetos de necesidad para algunos meses de recorrido y nos lanzamos a la aventura de nuestras vidas. Con mapas planeamos una ruta bien definida de una fabulosa expedición. Saliendo del sur de California bordeando toda la costa oeste hasta el Canadá, luego a través de los estados del norte y hacia el este del Canadá. De allí por los estados de Nueva Inglaterra hasta la Florida y atravesando todo el sur y finalmente regresar al hogar.

El resultado fue un inesperado encuentro de nuestras almas, un re-descubrimiento de nuestro amor y la renovación de nuestros votos nupciales. Nunca nos imaginamos cuando emprendimos esta travesía, que iríamos a exteriorizar, no solo los atributos y cualidades que ambos poseíamos, sino también nuestros defectos.

Álvaro es introvertido. Él nunca expresa sus emociones y la mayoría del tiempo yo tengo que adivinar lo que le incomoda. Su silencio es su reproche. Álvaro vive en el pasado sin darse cuenta que Colombia y su gente ha evolucionado, ¡y todavía cree que en esta época, el lugar de la mujer está en el hogar!

En todos estos años que habíamos vivido juntos, competíamos por el poder del uno sobre el otro. Las primeras quinientas millas de nuestro viaje fueron tranquilas, con comentarios sobre el paisaje que se presentaba en frente de nosotros. Luego nos fuimos tornando ansiosos y antes de que nos diéramos cuenta, el viaje se convirtió en una competencia por el poder y el dominio.

¿Quién ganaría la batalla?

El síndrome del *hombre macho* se reflejó cuando Álvaro no quiso soltar el control del volante. Yo estaba acostumbrada a conducir mi propio carro por años y le supliqué por varias horas que me dejara manejar y él se rehusó.

Cuando llegamos a Portland, Oregón, ya yo había soportado bastante. Álvaro se encargó de tomar todas las decisiones: donde comer, donde detenerse y donde dormir. En una parada, cuando él estaba distraído, yo me subí en el asiento del chofer y agarré el volante.

¡Ya era tiempo, ahora era mi turno!

Con furor manejé los próximos 322 kilómetros. Con mis ojos fijos en la carretera, iba a una velocidad alarmante. Había esperado tanto tiempo hasta lograrlo.

Álvaro estaba lívido sin pronunciar una sola palabra.

¿Sería el temor de que si decía algo, nunca escucharía el fin de esta discusión? Sea lo que fuera, yo no cedería, ¡esta vez no!

Al fin él rompió el silencio.

-Pára el automóvil, me dijo, -ábreme la puerta que aquí me quedo.

-Llévame al aeropuerto más cercano. Me regreso a casa.

No le respondí y continué manejando, mirando hacia el frente.

-Detente, -insistió.

-Puedes continuar tu viaje sola si quieres, pero yo me regreso a casa.

Los minutos que siguieron parecían una eternidad. Yo tuve la intención de seguir en mi ruta sola, pero, ¿estaba preparada? ¡Tantas veces había viajado sola por el mundo! Qué obstinados estábamos siendo ambos. Esto se volvería *la guerra de las rosas* si alguno de los dos no cedía.

En ese instante y con delicadeza, le ofrecí el volante y así continuamos hasta Seattle sin pronunciar una sola palabra. Allí visitamos museos de música moderna, almorzamos en el Fish Market, tomamos cócteles y disfrutamos de una cena romántica al lado de la bahía.

Cuando llegamos a Vancouver en Canadá, después de recorrer toda la mañana el Museo de Ciencia, no pude contener mis lágrimas:

-Álvaro, ya no aguanto más. No me siento bien, -le murmuré al oído.

Antes de nuestro viaje los médicos me habían diagnosticado Lupus, la misma enfermedad que había sufrido por años mi hermano Sergio Alfredo y que lo condujo a la muerte en 1995. Yo no se lo había revelado a nadie y menos a mi esposo para no preocuparlo. Lupus Eritematoso Sistémico es un desarreglo inflamatorio crónico del sistema auto inmune potencialmente fatal.

Sentía un intenso dolor en todo el cuerpo, me dominaba la fatiga y además estaba extenuada. Aunque mi mente y mi espíritu estaban más fuerte que nunca, mi corazón estaba angustiado. Yo había tratado de mantener nuestra relación por muchos años, sobre todo, por salvar la familia y la estabilidad de mis hijas. Álvaro estuvo ausente por mucho tiempo y tan frecuentemente por sus proyectos en el exterior, que yo me había independizado tanto que ya me sentía extraña junto a él.

Era un silencio sombrío. Nos sentamos en un banquillo mirándonos el uno al otro de vez en cuando. Él no encontraba palabras para expresar su preocupación y yo, trataba de disimular la vulnerabilidad que me agobiaba. Ambos teníamos la certeza de que necesitábamos continuar nuestro viaje y que teníamos el deseo profundo de seguir por la vida unidos y para siempre.

¡Era aquí y ahora... o nunca jamás!

Pero por fortuna renovamos nuestros votos, la preciosa y eterna promesa que habíamos pronunciado cuando teníamos veinte años. Las palabras, *en la enfermedad y en la salud, hasta que la muerte nos separe*, salieron de nuestros labios con una vitalidad renovada.

Ya, con la descarga del peso de las dudas que acarreábamos hasta ese momento, continuamos el viaje por Canadá. Aunque intercambiamos unas pocas palabras, ambos sentimos que una serenidad nos cobijaba.

Todo se volvió mágico. Atravesamos por ferry de Vancouver a Victoria, la capital de Columbia Británica, observando las ballenas y los delfines que nos entretenían con sus danzas acuáticas. Victoria es una sofisticada ciudad donde salimos a recorrer la urbe en un carruaje tirado por caballos, en la tarde tomamos el té estilo inglés en el famoso Hotel Fairmont y el día siguiente fuimos en carro hacia los extraordinarios Jardines Butchart donde, sentados en el césped, comimos un suculento picnic.

De nuevo Álvaro y yo empezábamos a re-sembrar nuestra

amistad. Nos contábamos historias, nunca antes compartidas, de nuestros respectivos viajes fuera del hogar, la gente interesante que habíamos conocido y los lugares que habíamos visitado. Con ésto nos embelesábamos y nos divertíamos como en los tiempos del noviazgo.

Fue en una fresca mañana en Vancouver, cuando después de atravesar el Puente Lions Gate (Puerta de los Leones) arribamos al puente colgante más famoso del mundo, el Capilano Suspensión Bridge. Esta estructura se encuentra sobre el Río Capilano y mide aproximadamente 136 metros de largo y 70 metros de altura. Yo traté de cruzarlo sola como lo había hecho tantas veces en otros puentes en el curso de mis andanzas, pero sin darme cuenta inesperadamente, me atemoricé y al devolverme, Álvaro me ofreció su mano con ternura para que atravesáramos juntos ésta imponente estructura.

La fragancia del rocío de la mañana llenó el ambiente, la serenidad invadió mi alma y acepté una vez más al Álvaro, el novio que había conocido. En el curso de nuestras vidas juntos yo siempre actuaba como si pudiera sostenerme sola. Pero ahora, bajaba la guardia mientras caminábamos despacio por el inestable camino sobre el abismo que representaba la distancia que nos había ido separando. Este momento marcó el principio de nuestra reconciliación.

Las caminatas por exóticos jardines y parques ecológicos, los cruces de riachuelos y quebradas, las escalinatas en sierras y montañas, fueron actos simbólicos que conectaban nuestro pasado y futuro: juntos para siempre. Así reestructuramos y rescatamos nuestra relación y renovamos la base sólida de nuestra vida en pareja para beneficio de la familia que habíamos construido.

Para empezar, tendríamos que deshacernos de la carga más pesada, *la cruz del matrimonio*, como nos lo había instruido la iglesia católica antes de la boda. Sin embargo, para lograr ésto, deberíamos olvidar las ofensas, superar la arrogancia y darnos cuenta que si deseábamos que nuestras hijas cimentaran una fuerte relación conyugal en sus vidas, había que dar un buen ejemplo.

¡Tantas oportunidades perdidas en el pasado!

¿Podríamos revivir el amor que hasta pensamos ya no existía?

Recomenzar resultó más fácil; como un relámpago llegó otra vez el romance, tocó a nuestras puertas y decidimos dejarlo entrar. Empezamos a disfrutar cada instante de este renovado viaje hacia nuestros corazones.

Me encontré con el Álvaro que conocí cuando nos casamos, el hombre de mis sueños, *mi príncipe azul*. Las cualidades maravillosas que había notado en él cuando lo conocí, se volvieron a revelar y comencé a apreciarlas de nuevo. Álvaro es cariñoso, atento y leal, no solo con sus familiares, sino también con todo el mundo, como decimos en Colombia.

Seguimos nuestra correría por todos los estados del norte, a lo largo del Río Missouri, la región recorrida por los exploradores Lewis y Clark. Nos sentíamos felices y radiantes el uno con el otro, hechizados con los paisajes naturales del parque nacional Yellow Stone. Se rumoró alguna vez que esta área es el lugar donde *el infierno burbujea con ímpetu*. Disfrutamos dos días embelesados con el dinamismo de estos portentosos geotermales en la hoya de los géiseres, observando las águilas volar en el espacio y los búfalos, osos, lobos y venados moverse con gracia sobre la llanura.

¡Aquí se encontraba la naturaleza en todo su esplendor!

Después de muchas más experiencias en este vasto paisaje y de varios días de recorrido, quisimos visitar la ciudad de Chicago donde habíamos vivido cuando Álvaro fue transferido por un proyecto de dos años con Fluor Daniels. Y de pronto nos dimos cuenta que estábamos a solo unas cuantas docenas de millas de Cincinati, Ohio, donde vivían nuestros nietos y tuvimos un deseo enorme de visitarles. Nos parecía una eternidad el camino por recorrer pero pronto reconocimos a quienes pertenecían nuestros afectos y donde estaba nuestro hogar.

Mi Pueblo Natal

A lo lejos se ve mi pueblo natal.
No veo la santa hora de estar allá.
Se vienen a mi mente bellos recuerdos,
Infancia que yo nunca olvidaré.

Luces de esperma en el fondo se divisan
Titilantes igual que estrellas en el cielo
Y el ruido incesante del viejo trapiche
Sustento eterno de todos mis abuelos

Ya vamos llegando, me voy acercando.
No puedo evitar que los ojos se me agüen...

— Jairo Varela, Colombian Musician (1949-)

Un poco antes de la media noche arribamos a la casa de los Buehler. Lucía Carolina, Tony, Delaney Lucía y Brayden Álvaro estaban esperándonos afuera ansiosos por nuestra llegada. Con la ayuda de sus padres, los niños dibujaron en el pavimento un mapa grande de los EE.UU. con la ruta trazada desde California hasta su casa en Loveland.

Una intensa alegría nos invadió a todos.

Estuvimos con nuestros nietos un par de semanas acompañándolos en eventos escolares, caminatas en los parques, visita al zoológico y museos de historia.

La brecha que existía entre nuestras culturas era extensa, no solo entre la hispánica y la germánica, sino también la californiana y la del medio oeste. En esta visita continuamos fortaleciendo nuestra tradición en los niños.

No hubo lágrimas cuando nos despedimos. Por el contrario, estuvimos todos emocionados y agradecidos al cielo por haber tenido la oportunidad de disfrutar una temporada de momentos cálidos y tiernos con nuestros nietos.

Desde el principio de nuestra travesía llamábamos, siempre que fue posible, a Lucía Carolina y a Claudia María para informarles de las partes que visitábamos y les enviábamos tarjetas postales de los lugares interesantes. Una manera maravillosa de enseñarle a Delaney Lucía y Brayden Álvaro sobre la geografía de este gran país.

Al tiempo que continuábamos hacia el noreste, hicimos paradas de uno o dos días en Detroit, Toronto, Canadá, las cataratas del Niágara y los Finger Lakes en el estado de Nueva York. Viajábamos por interminables carreteras rodeados por miles de densos árboles verde-oscuros. Finalmente alcanzamos a Newark en Nueva Yérsey en las orillas del río Hudson. Allí permanecimos frente a un monumento recién construido en memoria de las víctimas de las torres del World Trade Center en Manhattan.

Dejamos el carro parqueado en Newark, cruzamos la desembocadura del río en ferry hacia la ciudad de Nueva York y pasamos el día meditando y rindiendo un homenaje in memoriam de aquellos que perdieron la vida en esta terrible tragedia en el "Ground Zero."

¿Qué hubiéramos podido hacer para prevenir este desastre?, me cuestionaba. Reflexioné en todo lo que nuestro planeta necesita para lograr la unidad y la paz.

Continuamos hacia Virginia donde viven nuestros sobrinos Germán José y Augusto Enrique y sus familias. Nuestra estadía con ellos fue maravillosa; disfrutamos horas recordando aquellos tiempos de nuestras visitas a Colombia mientras ellos crecían y sus sueños de que algún día seguirían nuestro ejemplo. Ellos obtuvieron la residencia en esta nación y ahora, la historia se repetía. Para sellar esta ocasión, celebramos juntos el 4 de Julio o Día de la Independencia en Washington D.C. en frente del Capitolio en medio del grandiosidad de los fuegos artificiales.

Decidimos seguir nuestro viaje hacia territorios menos concurridos. Las grandes ciudades quedaban atrás y conducíamos a través de las colinas de la cordillera Shenandoah en Virginia. Después de varias horas, seducidos por paisajes espectaculares donde se desplegaba la plenitud de la naturaleza, serpenteando las angostas carreteras y deteniéndonos en pequeñas aldeas y pueblitos que parecían salidos de cuentos de hadas, asomó de pronto, entre las montañas, un palacio magnífico.

El Homestead Resort es un monumento histórico localizado en Hot Springs, Virginia y fue construido en 1766 en medio de las montañas Allegheny. Tiene una extensión de 6.000 hectáreas y ha sido el lugar de vacaciones de muchos presidentes.

Reservamos un paquete llamado *Romance* para celebrar nuestro aniversario de bodas y nos instalamos en una elegante suite en la Torre del Reloj de donde se divisaba un paisaje espléndido del campo de golf Las Cascadas. En las mañanas nos íbamos de caminata por un parque ecológico lleno de riquezas forestales, y luego de paseo en los espesos bosques en carruaje tirado por caballos. Por las tardes tomábamos el té en la terraza y en la noche comíamos en elegantes restaurantes.

Fue aquí en este fascinante lugar y durante una suntuosa cena con champaña donde sentimos el hechizo del momento. Yo noté que Álvaro permanecía silencioso. Con una mirada tierna y con sus ojos húmedos, me dijo:

-Yo nunca había conocido la felicidad hasta ahora.

Con inmensos deseos de atesorar este momento para siempre, le tomé la mano con dulzura. Habían pasado tantas cosas y tanto tiempo para llegar a sentir la serenidad y soledad de este lugar y apreciar lo que el amor simbolizaba. Fue así como Álvaro y yo sellamos una vez más nuestro pacto de amor y nos prometimos llevar una vida de intimidad, paz y respeto mutuo.

Viajamos hacia el sur parando en pueblos históricos como Savannah, Georgia y San Agustín, Florida, donde tomamos excursiones de las atracciones más interesantes en los viejos distritos, los que nos hacían vivir de nuevo la historia, las aventuras y el romance de las antiguas ciudades.

Ya habíamos recorrido cerca de 12.880 kilómetros cuando llegamos a Miami. Nuestra sobrina María José y su esposo Víctor están residenciados allí desde hace varios años y nos hospedaron en su casa. Juntos celebramos nuestro encuentro en medio de fiestas animadas por música costeña de nuestra tierra y tomamos un bello paseo hacia los Cayos de la Florida. De allí pudimos divisar las luces de la isla de Cuba, a 145 kilómetros de este litoral, y pensé, ¿cuántos cubanos habían arriesgado sus vidas para cruzar las temibles aguas y llegar a estas costas en busca del *sueño americano?*

Después de unos días de descanso, partimos bordeando la rivera oeste de la península de la Florida a lo largo del Golfo de México, como siempre, explorando exóticos lugares, ciénagas ecológicas, resguardos indígenas y algunas playas consideradas como las más hermosas y limpias en el continente americano.

Nos cogió la noche en Destin, y fuimos a un concierto en un teatro al aire libre que competía con la cadencia del golfo de México. Seguimos nuestro viaje y a la mañana siguiente llegamos a uno de nuestros lugares favoritos, Nueva Orleáns. Después de una larga y ardua noche, decidimos hospedarnos en un hotel exclusivo en el histórico distrito del puerto.

Una mañana, en medio de la bruma, mientras nos desayunábamos en nuestro balcón, divisamos los buques cruceros que partían hacia el Caribe y nos prometimos algún día hacer el viaje en uno de estos grandes barcos. Un año más tarde, nuestro deseo se hizo realidad.

Ya en la tarde visitamos una vieja plantación y luego una cena en el crucero navegando por el río Mississippi. Mientras íbamos en una caminata por el barrio francés (French Quarter), nos tropezamos con una gitana que leía la palma de la mano y nos auguró un futuro brillante lleno de muchas aventuras apasionantes.

Hoy recordamos estos extraordinarios momentos y oramos por la reconstrucción de este histórico y espectacular lugar, meca de la música jazz, y de aquellas miles de personas que sufrieron por la devastación del huracán Katrina en el 2005.

Quisimos seguir vinculándonos con aquellos familiares cercanos de segunda generación que ya tenían permanencia en este país y llegamos a Austin, Texas donde vive otra sobrina, Eileen Marie con su familia. Nuestra relación se afianzó y con sus dos hijos pequeños estrechamos todavía más la unión que tanto deseábamos.

Ya llegaba el mes de agosto y el sol se iba haciendo más fuerte en el sur, la temperatura alcanzaba los 45 grados centígrados. Decidimos continuar esta larga travesía conduciendo a grandes velocidades a través de fuertes tormentas de arena en los estados de Texas, Nuevo México, Arizona y California, con descansos ocasionales para visitar otros familiares y amigos.

En nuestra aventura por el país aprendimos lecciones acerca de cada uno. Durante nuestra vida matrimonial habíamos luchado tanto y sacrificado mucho. Ahora ya no existían los desacuerdos y la rivalidad por el poder había disminuido. Compartimos experiencias nunca antes imaginables, descubrimos grandes cualidades acerca de cada uno y reconocimos y respetamos nuestras necesidades y aspiraciones.

Las conversaciones íntimas y sinceras continuaron cada día. Esta excursión fue el mejor regalo material, emocional y espiritual que nos dimos el uno al otro. Tuvimos las experiencias sobre la América que soñamos mientras crecíamos en Colombia.

Por fin alcanzamos San Diego, *la costa dorada* del sur de California, y la temperatura cambió a 27 grados centígrados. Después de dos meses y medio y 18.515 kilómetros regresamos a Irvine sin ningún percance. Ya la casa se había vendido y solo contábamos con una semana para deshacernos de todos las cosas innecesarias y mudarnos a una nueva residencia.

De manera rápida empezamos a remodelar nuestra nueva residencia. Era como comenzar de nuevo. Seleccionamos cuidadosamente las reliquias, las posesiones más valiosas y el arte que coleccionamos durante nuestros viajes a más de sesenta y siete países.

¡Este sería nuestro destino final!

Una mañana temprano, oí un ruido estrepitoso y bajé las escaleras apresuradamente imaginando que algún terrible desastre había ocurrido. Álvaro estaba en el primer piso desempacando cajas y con ansiedad lo busqué por todas partes preocupada que algo le hubiera ocurrido. De pronto miré al piso y, esparcidas por todas partes, ví cientos de piezas pequeñas de nuestra colección de porcelanas Lladró. Por muchos años guardé estas figuras históricas de Otelo, Romeo y Julieta, la Venus de Milo, Don Quijote y Sancho Panza y otras que atesoraba para regalárselas a mis hijas y que las disfrutaran como un recuerdo especial.

Al tiempo que me inclinaba a recoger piernas y brazos, cabezas y torsos rotos, sentí un terrible escalofrío. Mi reacción inmediata fue subir al altar que tengo en mi habitación donde guardo los íconos e imágenes que he heredado de mis antepasados. Yo me inclino ante este altar cada día para agradecerle a Dios por todas las bendiciones recibidas y rezo por aquellas personas con necesidades. Me incliné con reverencia y di gracias al darme cuenta que lo más importante era que Álvaro estaba sano y salvo.

Mi esposo ha sido para nuestra familia la roca de Gibraltar por su constante amor y devoción. Él se ha involucrado en mis proyectos y me acompaña en todas mis actividades de negocios, sociales y de la comunidad. Pero más que eso, él es mi amigo maravilloso que está de acuerdo en que yo tenga la libertad de ser quien soy y hacer lo que mi inspiración, mi conciencia y mi corazón desean.

Permanece por siempre a mi lado,
Lo mejor está aún por venir.

— Robert Browning, Poeta Británico (1812-1889)

Parte II

PUENTES DE NEGOCIO

CAPITULO 7

Élan Internacional

Todo lo que desees hacer,
O sueñes que puedes hacer, empréndelo.
La valentía tiene genio,
Poder, y magia.

— Johann Wolfgang von Goethe,
Filósofo Alemán (1749-1832)

En 1974, el salario de Álvaro nos proporcionaba un estilo de vida confortable y aseguraba la educación de nuestras hijas. Sin embargo, yo ambicionaba tener mi propia carrera, prepararme para un futuro incierto y ser capaz de enfrentarme a cualquier reto que se nos presentara en nuestra familia.

El Comienzo de Élan
Internacional
Lucía en 1984

Estaba decidida a convertirme en una profesional de los negocios e incorporarme al medio que me rodeaba. Con una formación en arquitectura e ingeniería, ya estaba lista para encontrar un mejor trabajo en el que pudiera utilizar mis conocimientos adquiridos en el pasado.

Una firma de ingeniería y arquitectura de Newport Beach, me contrató como diseñadora de proyectos con el sorprendente salario de US $5.50 la hora. Era la única mujer profesional entre 250 empleados, y los hombres que desarrollaban el mismo trabajo, ganaban el mínimo de US $10. Existía el plan de igualdad de oportunidad en los empleos (Equal Opportunity Employment), diseñado para mujeres y minorías, y no me atreví a reportar la compañía a esta agencia gubernamental por temor a que me despidieran. Además, estaba conforme con esta nueva ocasión para surgir.

Políticos y empresarios internacionales llegaban a nuestras oficinas con proyectos de alta envergadura. Me di cuenta de que esta compañía no estaba preparada para entender nuevos comportamientos culturales que ya aparecían en el panorama de las relaciones internacionales, lo que causaba la pérdida de numerosos proyectos. Me pidieron que asistiera a las reuniones donde desplegaba mi talento y conocimiento sobre etiqueta y lo aplicaba en las relaciones con estos importantes dignatarios.

Me percaté que en muchas compañías norteamericanas había una inminente necesidad de la comunicación intercultural que cruzara fronteras. Mi meta era comenzar mi propio negocio de asesoría, donde podía desarrollar mi creatividad, dejar una huella para las futuras generaciones y contribuir a la transformación de mi nueva patria. Sabía que tendría que enfrentarme a muchos desafíos, pero ante todo, tendría que superarlos para alcanzar el balance personal con mi familia, mi carrera profesional y mi participación en la comunidad.

Este equilibrio personifica el éxito... *el Sueño Americano.* Motivada con esta nueva oportunidad en mi camino, quería alcanzar nuevas alturas. En 1984, registré mi negocio como una propiedad privada. Pero al no tener los fondos necesarios, instalé la oficina en una pequeña esquina dentro de mi hogar. Más tarde la convertiría en una corporación de California.

¿Estaba preparada? Si. El éxito es un viaje, no el objetivo final.

¿Cual era mi próximo paso? Arriesgarme a lo que parecía imposible y continuar la conquista de mi propósito.

¿Qué me incito a ser audaz? Comprendía que esta nueva empresa requeriría las herramientas básicas: dinero, tenacidad y ante todo, perseverancia.

Los que abren brechas, los que se arriesgan y los empresarios no siguen los rastros de otros. Mi esposo me desanimó y mis amistades predecían que nunca llevaría a cabo mis planes por lo difícil de esa tarea.

Necesitaba capital. ¿Donde lo conseguiría? Mi fortuna era mi decisión para trabajar con ahínco, con paciencia y con tenacidad.

¿Lo lograría? La determinación y la decisión de no desvanecer ante nada ni nadie fue mi más preciada riqueza.

Mientras la ciudad de Los Ángeles se preparaba para los Juegos Olímpicos de Verano de 1984, yo trabajé como voluntaria en el comité de anfitriones para los atletas de América Latina, labor que me animó a establecer mi propia firma de asesoría en protocolo.

Necesitaba una socia, así que llamé a mi mejor amiga y confidente, Diane Diehl, hoy una exitosa consultora de protocolo y etiqueta. Diane y yo participábamos en organizaciones filantrópicas y teníamos éxito en la planeación y ejecución de eventos para museos, teatros y centros de arte.

Como voluntaria en muchos niveles, yo había contribuido a la sociedad con eficacia y por años había adquirido una red de relaciones con la comunidad, las instituciones educativas, corporativas, políticas y artísticas en el Sur de California. También era miembro del cuerpo de directores de la Cruz Roja Americana, la Universidad Nacional (Nacional University) y la Universidad de Abogacía de los Estados del Oeste (Western State University College of Law), entre otras. Tenía todas las condiciones necesarias para salir adelante.

¿Cuál era el primer paso? Buscarle nombre a la compañía y registrarla.

Diane y yo pensamos llamarla *Empresas García & Cia, S.A.*, pero decidimos que sonaba muy latino y, para ese entonces, con la discriminación que existía en California, no concordaba con el protocolo. Tenía que tener un nombre atrayente y refinado. Las dos estuvimos de acuerdo que *Élan Internacional* sería el apropiado.

Élan en francés significa ímpetu, vigor y elegancia. En latín, tirar una lanza al espacio, una manera de ejecutar las cosas con energía, espontaneidad y siempre con entusiasmo. En inglés, élan simboliza la imaginación, el estilo y la elegancia.

¡Perfecto! Ya estaba el nombre correcto.

Nuestro primer objetivo fueron los Juegos Olímpicos de Verano de 1984. Después de todo, se llevarían a cabo en nuestro propio solar. La sede internacional de los juegos olímpicos estaba en España y su presidente, Juan Antonio Samaranch, residía en ese país. Con las esperanzas de triunfar, Diana y yo decidimos viajar hacia Europa y solicitar empleo como asesoras sobre la etiqueta. En el aeropuerto de Los Ángeles, antes de partir, poníamos los toques finales al catálogo de *Élan Internacional*. Nos lanzábamos en nuestra conquista del éxito con los portafolios repletos de fotografías y recortes de periódicos donde documentábamos nuestro servicio a la comunidad.

Diane y yo llegamos a Madrid con gran expectativa y optimismo. Después de varios esfuerzos por entrevistarnos con diferentes funcionarios gubernamentales, finalmente alcanzamos *la cima* al llegar al Ministerio de Relaciones Exteriores. Entramos a una impresionante oficina y, detrás del escritorio, estaba sentado un señor serio y distinguido que nos recibió con una sonrisa amable y nos pidió que tomáramos asiento.

-¿Qué puedo hacer por ustedes mis queridas damas? -nos preguntó.

Nos miramos la una a la otra asombradas de nuestra habilidad para lograr lo que nos proponíamos y romper todas las dificultades de la burocracia de ese país. Le contamos nuestra historia; cómo habíamos empezado la firma *Élan Internacional* y nuestro deseo de colaborar con el protocolo en los Juegos Olímpicos. Perplejo, el nos miró fijamente y dijo:

-Señoras, lo que ustedes necesitan es la oficina que representa el comité Olímpico Internacional en California y su agencia está en San Francisco.

No sabíamos si llorar o reír.

Salimos del edificio apesadumbradas. ¡Como podíamos haber sido tan ingenuas! Nos sentamos a meditar en una banca del parque El Retiro, que se encontraba cerca, con nuestros portafolios intactos a planear cual era nuestro próximo paso. Decidimos recorrer varias ciudades en España, documentarnos sobre la historia de este bello país, y disfrutar de sus impresionantes museos, su grandioso arte religioso y su maravillosa arquitectura moderna. Saboreamos su exquisita gastronomía y aprendimos sobre las tradiciones de la *Madre Patria*, la tierra de mis antepasados.

Élan Internacional nos deparaba un futuro brillante con excelentes oportunidades económicas. Tomé cursos en Administración de Negocios para estar mejor preparada y me lancé a esta aventura con el entusiasmo que siempre me acompaña.

Como mujer en el ámbito internacional, existían ventajas y desventajas. La principal desventaja era tener que viajar sola por tierras extrañas, dejando atrás mis responsabilidades cotidianas con mi familia. No era común encontrar mujeres en este ramo que me ofrecieran un apoyo. Sin embargo, yo contaba con muchas ventajas competitivas: un espíritu de pionera, la comprensión de las diferencias culturales adquiridas durante mis innumerables viajes al exterior, y más que todo, la idiosincrasia de mi pueblo natal muy similar a las de muchos otros países.

Si uno tiene talento, habilidades con los idiomas y es capaz de resolver las necesidades del mercado de consumo internacional, entonces hay una situación donde todos salen ganadores. *A win-win situation.*

Élan Internacional se transformó del concepto a la realidad, y así fue como el protocolo en los negocios nació.

Facilitando puentes entre los negocios corporativos de Norteamérica con los de los países en desarrollo, fue normal para mí. A pesar de los obstáculos que enfrentaba a menudo por ser una empresaria, tales como la falta de credibilidad, me hallé un día a la cabeza de una corporación internacional que se especializaba en negociar contratos y financiación de empresas a ambos lados de la frontera.

Élan Internacional se convirtió en un centro importante de información para las compañías que aspiraban a abrir agencias en otras regiones de Latinoamérica. Estas firmas requerían nuestros servicios tales como: facilitar licencias evitando la compleja burocracia en estos países, ubicarlos en zonas de desarrollo adecuadas para los servicios o productos (bienes raíces) y obtener la financiación necesaria a bajo interés. Asistíamos en la formación de alianzas estratégicas y la distribución de productos y servicios de protocolo en las negociaciones.

Muchas compañías tenían dificultades con la etiqueta y las costumbres en el extranjero y nosotros ofrecíamos entrenamiento para adaptarse y convivir con la sociedad en general. La actitud de los negocios en EE.UU. es muy eficiente dentro del país, pero inexperta y llena de precondiciones cuando negocian con extranjeros. Por ejemplo, en Latinoamérica las reuniones de negocios comienzan con charlas familiares; los norteamericanos consideran esta sociabilidad como una pérdida de tiempo. En Latinoamérica, empezar de súbito una reunión y entrar directamente en la negociación los hace sentir incómodos y les da la impresión de que los norteamericanos son insensibles y rudos.

Se tiene el concepto de que la cultura es solo la comida, el atuendo y las artes manuales. Lo que motiva al cliente foráneo se establece en gran parte por el conocimiento sobre sus costumbres y tradiciones. Es de suma importancia usar asesores que se encarguen de las conexiones y presentaciones dentro del ámbito social y profesional entre los participantes.

El objetivo de *Élan Internacional* era: adecuar el protocolo y la etiqueta, crear oportunidades entre los negocios y producir el éxito esperado de éstos en todas las naciones.

Yo era una especie rara, una mujer presidente de una empresa que no había heredado, ni del matrimonio ni de mi familia. Mi vocación era contribuir al avance de los demás, llenar el vacío que existía con otras minorías y progresar haciendo tangibles mis logros.

Por regla general, las empresas privadas tienen un bajo porcentaje de supervivencia en los tres primeros años. El primer año me gané la módica suma de US $2.000 y para continuar en el negocio, me vi obligada a *prestar* dinero de nuestros ahorros familiares. Seguí luchando por mantenerme a flote, sin embargo, mi esposo continuaba sin darme el sustento emocional, siempre por temor de que yo abandonara la dedicación a la familia.

Después de dos años, mi socia Diane decidió permanecer en su casa cuidando sus dos hijos pequeños. Yo me afligí pero continué trabajando por mi cuenta para alcanzar las metas que juntas nos habíamos propuesto.

En 1990, mi hija Lucía Carolina obtuvo su maestría en Gerencia de Negocios Internacionales y se integró a mi negocio. Me advirtió que de seguir trabajando desde la casa, nunca tendría la credibilidad que *Élan Internacional* requería. Nos mudamos a una reconocida zona, rentamos un cubículo donde apenas cabíamos las dos y así empezamos a reestructurar la compañía.

Trabajábamos muy largas horas. Ambas sabíamos que no había otra alternativa sino seguir adelante, *el cielo era el límite*. Para tomar el próximo paso hacia la expansión, refinanciamos nuestra casa y trasladamos a *Élan Internacional* a un lujoso edificio en el famoso Fashion Island en Newport Beach, el centro financiero de la costa oeste.

Desde nuestras elegantes oficinas en el piso once se divisaba la isla de Catalina. Ante este paisaje espectacular del océano Pacifico, yo me sentí atrapada y de pronto me entraron unos deseos inmensos de explorar un nuevo horizonte desde esta nueva perspectiva. Mirando hacia la distancia, *la gaviota* se lanzó a volar sobre el océano.

Existían muchas alternativas.

CAPITULO 8

El Tratado de Libre Comercio de Norte América (NAFTA)

El respeto al derecho ajeno
Es la paz

— **Benito Juárez**, Héroe Nacional y
Presidente de México, (1806-1872)

La frontera entre México y los Estados Unidos de Norteamérica es una herida que sangra y yo tenía la audacia de convertirme en un agente cicatrizante.

Los primeros años de la década de 1990 fueron momentos decisivos para México en cuanto a su participación en el mercado mundial. Esta nación atravesaba por una convulsión política y la gente pedía un cambio de rumbo social. Requería la transformación ha-

Lucía con el Presidente
George Bush y
Líderes Hispanos
En la Casa Blanca

June 7, 1991

Dear Ms. Garcia:

Please accept my heartfelt thanks for your
hard work and dedication in helping to assure
the extension of fast-track procedures for
implementing trade agreements.

As you well know, at issue in the Congressional
vote on fast track was whether the United States
would maintain its leadership role in the world
economy. At stake was our ability to continue to
reap the prosperity and jobs that expanded trade
has meant and will mean for the United States
economy.

Now, thanks to your efforts, we can resume our
seat at the bargaining table in the Uruguay Round
of multilateral trade talks. We can begin work
on a North American Free Trade Agreement. Both
negotiations hold enormous promise for the
United States, for our neighbors, and for
the world trading system.

I look forward to your continued support and
counsel as we pursue the negotiation and imple-
mentation of trade agreements that are vital to
our economic growth.

Best wishes.

Sincerely,

[signature: George Bush]

Ms. Lucia Garcia
Elan International

Irvine, California 92714

cia la estabilidad en general, el crecimiento económico, la reestructuración de la deuda externa y el desarrollo de un tejido social.

México estaba sufriendo los *dolores de parto* que el Tratado de Libre Comercio había generado, pero cada crisis trae la renovación.

Élan Internacional conocía muy bien la cultura mexicana, sus prácticas, sus costumbres y las condiciones políticas. Nos convertimos en un elemento útil al trabajar con compañías mexicanas en proyectos de construcción y transferencia de tecnología.

Yo me forjé por conseguir una lista de clientes importantes y cultivé aliados políticos en ambos lados de la frontera trabajando en campañas para representantes al congreso, senadores, gobernadores y presidentes. Mi arduo trabajo fue recompensado cuando fui invitada a tomar parte de un grupo de líderes hispanos en los negocios y reunirnos con el presidente George H. W. Bush. Éramos el mecanismo indispensable para cabildear en la ratificación del Tratado de Libre Comercio de Norteamérica (NAFTA).

NAFTA abría el comercio entre Canadá, los Estados Unidos y México, marcando un momento histórico entre países al norte y sur de la frontera. Este era el tratado de libre comercio más grande del hemisferio con más de 400 millones de personas y su producto interior bruto (GDP) era de más de US $11.4 trillones, según la División de Análisis del Tratado Económico (EET) del Departamento de Relaciones Exteriores y el Comercio Internacional. Si el resto de las Américas se unía, llegaría a ser el bloque más grande de comercio en el mundo.

Con la ratificación de NAFTA, los hispanos nos beneficiaríamos enormemente. Nosotros tenemos más capacidad de negociar si reconocemos nuestro espíritu aventurero, usamos nuestra propia lengua y aplicamos el conocimiento de la cultura en los negocios con Latinoamérica.

Hay más de 200 millones de seres que viven en la más miserable pobreza en esta región. Mi meta era acelerar la integración económica cuyo resultado sería mejorar las condiciones de vida y crear oportunidades de trabajo para este segmento de la población. Así, ellos encontrarían trabajo en su propio suelo y no tendrían que abandonar a sus familias para emigrar a los Estados Unidos.

Durante las deliberaciones sobre el Tratado de Libre Comercio, organicé varios grupos de intercambio comercial con importantes personalidades de la política, los negocios y la banca para visitar entidades importantes y entrevistarse con sus contrapartes. Visitamos la Casa Blanca en Washington como también Los Pinos en la ciudad de México donde éramos recibidos por los presidentes de estos países y otras importantes figuras de la banca, la empresa privada y la política. Era una manera eficiente de colaborar en el proceso del tratado.

En el ámbito global de los negocios, lo importante es a quien conoces y la información que posees, (what matters is who you know and what you know).

Élan Internacional organizó la primera conferencia de desarrollo de negocios (Matchmaking) entre California y México con el fin de traer líderes de ambos lados de la frontera y crear empresas de riesgo compartido. NAFTA abriría un periodo de modificaciones y eso significaba que este programa era una prueba contra todos los pronósticos.

De nuevo me enfrentaba a otros desafíos. Durante la preparación de esta conferencia aparecían en el horizonte decenas de voluntarios ansiosos de colaborar en este evento. Ellos tenían su propia agenda. Mientras yo estaba en México promoviendo el proyecto, varios de ellos se llevaron toda la información que por años yo había recolectado y me quedé sola con unos cuantos empleados para finalizar los detalles.

Nunca me sentí derrotada por esta situación. Más de doscientos negociantes inundaron los salones del Hotel Marriott donde se celebraba el evento buscando oportunidades e información nunca antes disponible. Los resultados fueron extraordinarios y el éxito para *Élan Internacional* fue rotundo.

Durante este período asistí como conferencista invitada a seminarios, conferencias y convenciones en México y EE.UU. donde divulgué y, al mismo tiempo, recibí el conocimiento valioso sobre la práctica de temas globales en los negocios. Llegué a convertirme en una importante fuente de información en los Tratados de Libre Comercio, con entrevistas en la televisión y los medios de comunicación de la nación y otros países extranjeros. Así fui abriendo oportunidades para el desarrollo de negocios y continué poniendo en alto el papel de liderazgo de los Estados Unidos de América en la economía mundial.

Meso América: Centro y Suramérica
El Encuentro del Cóndor de los Andes
y el Águila de Norteamérica

El poderoso cóndor de América del Sur y la majestuosa águila de Norteamérica simbolizaban lo que era antes conocido como Meso-América, una de las seis cunas de las tempranas civilizaciones.

Esta era una zona ocupada por una multiplicidad de culturas antiguas que compartían credos religiosos, arte, arquitectura y tecnología, constituyendo así, la más excepcional en nuestro hemisferio en los últimos tres mil años.

Las relaciones entre EE.UU. y Latinoamérica son de gran importancia en esta época. Los Estados Unidos es llamado *la tierra prometida* en áreas como la cultura, la educación, la religión, la política y los negocios. El mercado hispano de los Estados Unidos representa el segmento más grande entre todos los grupos raciales de este país y se sigue posicionando como la población de crecimiento más rápido.

Los flujos de inmigrantes han estimulado la mayor parte del crecimiento en este mercado. Sin embargo, el segmento de los hispanos nacidos en este país incrementara aun más su población en Estados Unidos.

De acuerdo con la División de la Oficina del Censo del Año 2000, en los EE.UU., hay 3,5 millones de hispanos que representan $700 mil millones de dólares en el mercado norteamericano. Ellos simbolizan una importante fuerza económica en este país.

Los empresarios latinos son dueños de la mayor cantidad de pequeños negocios (small business) que ningún otro grupo étnico en Norte América. Ellos están influenciando la sociedad norteamericana, y sus contribuciones y sus logros son sorprendentes. Esto no puede pasar desapercibido.

Los latinos vienen en todas las gamas del espectro; son blancos y negros, amarillos y morenos, pobres, ricos, multimillonarios, profesionales, obreros y empleados de oficinas, cristianos y judíos, independientes, republicanos y demócratas. Son personas multiculturales, multiétnicos y multilingües y todos forman parte de la vasta población hispana. Muchos son ciudadanos estadounidenses y la mayoría, de segunda y tercera generación, se ha integrado a la sociedad norteamericana y al mismo tiempo conservan un fuerte vínculo con sus raíces y tradiciones.

Los latinos quieren una América próspera y vigorosa con oportunidades para trabajar y proveer a sus familias con las necesidades básicas: salud, alimento, vivienda y una buena educación. También quieren participar en la edificación de una comunidad fuerte y en el proceso político.

Afortunadamente, la latinización de los Estados Unidos de América esta sucediendo simultáneamente con la americanización de Latinoamérica, generando un crecimiento económico y ayudando a unir el puente entre las diferencias que han existido.

En mi empresa, yo continúo promoviendo inversiones y el intercambio de tecnologías entre los países de todos los hemisferios para que los ciudadanos de las naciones emergentes mejoren su poder adquisitivo.

Le pido pues a la comunidad empresarial que se involucre en el proceso para hacerle frente a los desafíos que se presentan en Latinoamérica hoy y aprovechar las muchas oportunidades que existen en los EE.UU.

CAPITULO 9

Líderes del Mundo

La construcción de la Paz,
Es un proceso que jamás termina...
No podemos ignorar nuestras diferencias
O pasar por alto nuestros intereses comunes.
Se requiere que trabajemos y vivamos unidos.

— Oscar Arias Sánchez, Laureado con
el Premio Nóbel de la Paz 1987

Lucía con el Dr.
Oscar Arias Sánchez
En su casa en
Costa Rica

Muchas veces sucede que cuando conocemos personas importantes y visitamos lugares sorprendentes, estos dejan una marca indeleble en nuestro sendero por la vida. Las probabilidades de que uno pueda conocer líderes del mundo e intercambiar su visión global con ellos son muy raras. Yo me siento bendecida de haberme encontrado con individuos excepcionales en mi camino.

Creo también que nada sucede por pura coincidencia, y que yo estoy guiada por mi fe y determinación de crear puentes de comprensión entre la gente de todas las naciones.

Dr. Oscar Arias Sánchez

El Dr. Oscar Arias Sánchez, Presidente de Costa Rica de 1986-90, luego reelegido en el 2006, es un mensajero de la paz y líder entre las naciones y fue galardonado con el Premio Nóbel de la Paz en 1987 por su trabajo de buscar la paz para Centroamérica.

Durante su candidatura en 1986, el Dr. Arias Sánchez y su esposa, Doña Margarita de Arias, se encontraban en el Sur de California para reunirse con expatriados costarricenses residentes en los Estados Unidos. Por medio de mi compañía *Élan Internacional* fui contratada para promover varias actividades de protocolo y recolección de fondos para su campaña como presidente. En varias oportunidades lo acompañé y escuché su mensaje sobre su visión de paz y unidad en América Central.

Era el comienzo de una búsqueda hacia el proceso de paz que el Dr. Arias Sánchez había propuesto a cinco presidentes de la región, iniciando un proceso que lo condujo a obtener la solución pacífica de un problema complicado.

El dinero recibido por el premio Nóbel de la Paz, se destinó para establecer la Fundación Arias para la Paz y el Progreso Humano. Sus proyectos incluyeron el avance para la igualdad de las mujeres en todos los sectores de la sociedad centroamericana, el cambio de la filantropía en América Latina y el proyecto para la desmilitarización y la resolución pacifica de los conflictos en las naciones en vía de desarrollo.

Más tarde, en 1989 mientras yo ocupaba la posición de

fideicomisaria en el cuerpo de directivos de la Universidad Nacional de los Estados Unidos (Nacional University), su presidente, el Dr. Jerry Lee, me invitó a participar en la ceremonia de graduación en una de las sedes ubicada en San José, Costa Rica. El hecho de que ya yo conocía al presidente Arias Sánchez, mi comprensión sobre la cultura latinoamericana y mi experiencia en las relaciones interculturales, fue una gran ventaja y me sirvió mucho para planear toda la formalidad.

El Dr. Arias Sánchez y otras importantes personalidades de la política estuvieron presentes durante la ceremonia y junto con su esposa, nos invitó a su casa en la ciudad de Heredia, el lugar de su nacimiento. En la reunión se intercambiaron muchas ideas, entre otras, nuestro mutuo interés en Simón Bolívar, el creador del plan para la Unión Panamericana, libertador de la Gran Colombia, y por supuesto, el sueño que siempre me ha acompañado, por la unidad y la paz.

El haber compartido con el Dr. Arias Sánchez en todas estas reuniones, me inspiró a seguir con mi misión en esa región y me alentó a continuar trabajando hacia nuestra meta común.

⊕ ✤ ⊕

Vicente Fox Quezada

Lucía en el Foro del Estado del Mundo
Al la izquierda, Yael Dayan

El ex-presidente de México, Vicente Fox Quezada, es un intelectual con creatividad, un visionario, un hombre renacentista y ciudadano del mundo. El Foro del Estado del Mundo, cuyo presidente es Mikhail Gorbachev, se llevó a cabo en la ciudad de Guanajuato en noviembre de 1995. Organizado por Fox Quezada, entonces gobernador del estado de Guanajuato, fue un éxito rotundo donde participaron más de 2.000 líderes globales en las áreas de la política, los negocios y la religión.

Un día recibí una invitación directamente del gobernador Fox Quezada para participar como expositora acerca de "El Papel de la Mujer en el Siglo XXI." El foro de la mujer fue presentado en el auditorio principal y allí figuraban mujeres que se destacaban en el mundo empresarial, político, intelectual, etc. etc.

La ciudad de Guanajuato, es un lugar considerado por la

UNESCO como Patrimonio Histórico de la Humanidad desde 1988, estaba lleno de cientos de policías para proteger los visitantes importantes que llegaron de todos los lugares del mundo. Los expositores fuimos hospedados en las afueras de la ciudad en hoteles históricos y haciendas rodeadas de jardines y atractivos paisajes.

El día que correspondía a mi presentación me sentí nerviosa y agobiada por la responsabilidad del papel que yo tenía que jugar en este importante evento a nivel mundial. Me levanté a las seis de la mañana y caminé directamente hacia los campillos de la Hacienda San Gabriel de Barrera. Localizada al frente de la Plaza del Parque de la Misión, San Gabriel de Barrera es un *resort* histórico en la cresta de una colina. Fue construido en el siglo XVII con una admirable arquitectura colonial que incluye pabellones, albercas, fuentes y senderos.

Existen diecisiete jardines, cada uno con su propio nombre y estilo. Yo descubrí un lugar recóndito llamado *El Jardín de Doña Beatriz*, que le debe su nombre a una encantadora leyenda. En una de sus paredes había una inscripción poética en coloridos mosaicos que decía:

Oasis de Paz,
Ambiente de Reposo
Que al Cuerpo da Solaz,
Y al Alma Gozo.

Esa misma mañana yo compartiría este sentimiento poético con la audiencia al principio de mi discurso, y le agregue, -este verso simboliza la mujer.

Continué mi camino buscando un paraje tranquilo donde

pudiera resguardarme a meditar, a orar y reflexionar sobre el mensaje que le daría al mundo. Evoqué mis años mozos cuando mi madre me llevaba con mis hermanos a los jardines del cementerio de San Pedro en Medellín para visitar esculturas religiosas, mausoleos y monumentos a poetas, escritores y presidentes. Fue así como recibí mi inspiración.

De pronto, me detuve en el umbral. Unas escaleras de ladrillo conducían hacia una gruta donde se encontraba la estatua de la Virgen de Guadalupe, la imagen más sagrada de los mexicanos. Un poco antes de alcanzar la cumbre, me topé con un sacerdote católico irlandés de alto rango que hablaba con un feligrés y bloqueaban la entrada. Ansiosa por llegar hasta la virgen, permanecí delante de ellos por unos minutos que parecían una eternidad. Esperé un buen rato a que ellos se quitaran del paso. El sacerdote se volvió hacia mí y me dijo,

-Ahora no, ahora no te puedo atender; estoy ocupado.

-¡No, Padre! No es a usted a quien he venido a ver, es a la Virgen María, -le respondí con respeto, apuntando hacia la reverenda figura y evadiendo este ceremonioso y solemne personaje.

Le pedí a la Virgen de Guadalupe, la Virgen Morena de Latinoamérica y Patrona de México que me bendijera y me diera fuerzas e inspiración es estos momentos. Quería que mi presentación tuviera palabras que igualaran esta tarea tan enorme. Me acerqué al altar, le ofrecí un ramillete de lilas del valle que había recogido de una de las parcelas, me arrodillé a sus pies y con devoción le imploré que me guiara.

-Virgencita, ¿qué queréis que le diga al mundo?

En un instante escuché un sonido leve que venía de los labios de *la guadalupana* y era como si me estuviera susurrando:

¡Tén confianza hija mía!

Sus palabras eran casi imperceptibles, una bruma matutina llenó el aire y envolvió mi cuerpo. Ella levantó mi espíritu y fortaleció mi determinación para ejecutar mi misión.

En el grupo había mujeres que habían marcado una diferencia en el mundo. Entre ellas, Isabel Allende, Vicepresidente del Partido Democrático en Chile e hija del expresidente chileno Fernando Allende; Yael Dayan, escritora y periodista, miembro del Parlamento de Israel, e hija de Moshe Dayan —el comandante militar israelita. También estaban Khadija Haq, presidente del Centro de Desarrollo Humano Mahbub ul Haq de Pakistán; Amalia García, miembro del congreso mexicano (hoy Gobernadora del estado de Zacatecas y la primera mujer gobernadora en México); Jihan Sadat, activista política y social y viuda del Presidente Anwar al-Sadat, de Egipto... ¡y yo!

Mientras estábamos en el salón de espera, todas ellas conversaban sobre las contribuciones significantes que sus padres o esposos habían hecho en la historia del mundo. Yo permanecía silenciosa, cosa rara en mí cuando me hallo con un grupo de gente.

-¿Qué cosa estoy haciendo aquí entre todas estas líderes de renombre, y qué contribuciones habían hecho mis padres? -me pregunté.

Muchas habían sido a un nivel más personal. Las ideas y las enseñanzas que ellos me brindaron, hoy las compartía durante estas conferencias. En mi familia se decía que descendíamos de línea directa de un presidente de Colombia, Carlos E. Restrepo y, ¿por que no? yo pude haber heredado su talento de liderazgo, pero ¿a quien le importaba en estos momentos? Era muy tarde para traerlo a la conversación.

Con plena confianza en mí misma, reflejando entereza y llevando en mis manos las flores que le había ofrecido a la Virgen de Guadalupe, entré al escenario, me paré frente al podio y me dirigí directamente al gobernador Vicente Fox Quezada:

-Señor Presidente, quiero darle las gracias por su valentía y determinación en traer por primera vez estos líderes mundiales a nuestro hemisferio, -le dije.

-¿Señor Presidente? -la audiencia respondió con exclamaciones, rechiflas y aplausos. Este incidente ocurrió cuatro años antes de su exitosa campaña como presidente de México. Fue una premonición basada en la intuición de mujer o sexto sentido.

Hablé sobre mis luchas personales desde mi niñez, los retos como un inmigrante latino en los Estados Unidos, mi papel como mujer en el mundo empresarial, especialmente en los negocios internacionales, ocupado en la mayoría por los hombres y mis responsabilidades en el hogar y la comunidad.

Me concentré en el dilema que ha existido durante décadas en la frontera entre México y los Estados Unidos, mi colaboración para lograr una mejor comprension entre los dos países y mi determinación para llegar a ser un agente cicatrizante en una frontera que sangraba.

-Las mujeres somos *Sacerdotisas de la Paz*, cuya responsabilidad es dar sustento a sus familias y difundir la compasión y la comprensión, -afirmé.

Y continué:

-Hay una necesidad universal por unificar las energías entre hombres y mujeres y animarnos los unos a los otros a caminar juntos, tomados de las manos, para cimentar un mundo mejor.

Al finalizar mi presentación, el gobernador Fox Quezada subió al escenario y poniendo sus brazos en mis hombros, me dijo:

-Me arrancaste lágrimas del alma.

Asia: Los Tigres del Lejano Oriente, Marco Polo no Está Solo

Lucía con el Ministro Gamini Dissanayake y oficiales del gobierno en su residencia de Sri Lanka

Con mi cooperación como portavoz sobre el Tratado del Libre Comercio de Norte América me llegaron varias invitaciones de Asia. Así fue como decidí continuar mis desplazamientos a este continente y seguir los pasos de Marco Polo. Viajé por agitadas ciudades haciendo alto en pequeños pueblos en remotas áreas. Visité fábricas y escuelas en lo más profundo de selvas espesas donde miles de militantes y revolucionarios se enfrentaban, sobrevolé en pequeñas aeronaves y helicópteros sobre los picos de peligrosas montañas.

Estas actividades me brindaron miles de oportunidades para expandir el vínculo entre los negocios y las culturas del Lejano Oriente.

"La mejor isla de su tamaño en el mundo entero", fue como Marco Polo se refirió a Sri Lanka, "La Lágrima de la

India" (Ceilán). Me trasladé a ese país para reunirme con oficiales del gobierno y empresarios, conocer los proyectos que esta pequeña región ofrecía y aumentar las relaciones entre las naciones de Asia y América Latina.

Con todas las precauciones que yo debía tener, algunos colegas bien intencionados me insinuaban que cancelara mi viaje debido a la fricción civil y política que existía entre los grupos militantes Singaleses y Tamiles. De todas maneras proseguí con mis planes de embarcarme en esta aventura.

Sri Lanka es un país multi-étnico y multi-religioso con una cultura variada y una población de 19 millones de personas; la mayoría de las religiones, tales como el budismo, el hinduismo, el cristianismo y el Islam, son veneradas ampliamente.

El 24 de octubre de 1993 durante mi visita a la isla, parte de mi itinerario incluía una entrevista con el ministro de Desarrollo Social, Gamini Dissanayake en su mansión privada. Él era un prominente líder político y candidato a la presidencia. En nuestra charla, él admiró mi entusiasmo por la vida, mi fervor por aprender otras culturas y, sobre todo, mi pasión por todo ser vivo. Mirándome directamente a los ojos me advirtió,

-Hay cinco elementos que componen todo ser humano: el alma, el aire, la tierra, el agua y el fuego.

Se detuvo un instante y prosiguió:

-Pero algunos contienen más fuego que otros.

Yo, asumiendo que me estaba *echando un piropo* con su galantería, le respondí:

-Bien, me alegro que usted lo haya advertido.

Luego se tornó más bien solemne y me dijo:

-Querida Lucía, debemos controlar ese fuego y lograr el balance es esos cinco elementos.

Todavía recuerdo con aprecio su consejo y a menudo tengo que frenar ese brío que llevo en mi interior para conservar el equilibrio en mi vida.

Luego agregó:

-El mundo comienza aquí y termina aquí, -refiriéndose a Sri Lanka y sus dos mil años de cultura.

-Esta es la última civilización humana antes de llegar al Polo Sur.

El Ministro Dissanayake y yo oramos juntos por la paz del mundo. Para mi protección él me entregó un pendiente de oro en forma de triángulo con nueve gemas preciosas que representaban los nueve planetas. Compartimos pasajes de sabiduría antigua, libros que ambos habíamos leído, la política de los negocios entre México y los EE.UU. y, sobre todo, como podríamos ayudar a crear puentes de comprensión entre estas naciones y la suya.

En tono jocoso me dijo:

-Si tú hubieras nacido aquí, serías la primera ministra de Sri Lanka.

El Ministro Dissanayake me dio tres libros de su autoría titulado: "A los Cincuenta: El Principio." Los dedicó, uno para mí, otro para Luis Donaldo Colosio, secretario de Trabajo Social y candidato presidencial de México, a quien yo conocía personalmente, y el último para el Senador de los Estados Unidos Robert Dole, líder Republicano y candidato a la presidencia, al que yo había acompañado muchas veces en sus campañas políticas. Le prometí que se los entregaría en persona a cade uno.

Un año más tarde, el 24 de octubre de 1994, cuando tenía cincuenta y un años de edad, Dissanayake junto con otras cincuenta y ocho personas fue asesinado. Una mujer bomba-suicida, que se asume era del movimiento de Liberación de los Tigres del Tamil Eemal, fue la autora en un mitin político en las afueras de la capital, Colombo.

En una macabra coincidencia, Luis Donaldo Colosio, a la edad de cuarenta y cuatro años, también fue asesinado el mismo año el 23 de marzo en Tijuana, México. Y el Senador Robert Dole perdió su apuesta por la presidencia de los EE.UU. el mismo año.

Aunque estos eventos me afligieron, nunca me desalentaron. Estos líderes del *mundo nuevo* y promovedores de la paz, me dejaron un legado, producto de las ideas y consejos que habíamos compartido en la privacidad de sus hogares y lugares de trabajo. Yo nunca olvidaré sus períodos de participación en la historia, sus afanes por erradicar la pobreza en el mundo y sus interminables luchas por la unión y la paz.

Hay una expresión muy sabia que mi madre me enseño:

"Tu nunca te vas de este mundo, y cuando mueres, tu cuerpo regresa a la tierra, tu espíritu al cielo, y tu conocimiento, tus ejemplos y tus palabras vivirán en la mente de aquellos cuyas vidas estimulaste."

He vivido siempre reconociendo que Dios nos brinda infinitas oportunidades y que debemos compartir el conocimiento con aquellos a nuestro alrededor y ejercitar la autodisciplina, la compasión y la tolerancia.

Esta es la responsabilidad de todos.

CAPITULO 10

El Alto Precio del Éxito

El Pájaro Que Canta Hasta Morir

Hace mucho tiempo, hubo un pájaro
Que canta solo una vez en su vida.
Desde el instante en que abandonó su nido,
Buscó un árbol con largas espinas.
Y nunca descansó hasta que lo encontró.
Entonces comenzó a cantar tan dulcemente
Como ninguna otra criatura
En la faz de la tierra.

Y mientras cantaba, enterró su pecho
En la espina más larga y afilada.
Y mientras moría, se encumbró
más allá de su propia agonía
Para cantar mejor que la calandria
Y el ruiseñor.

El pájaro que canta hasta morir
Entrega su vida por una sola canción
Y silencioso el mundo entero lo escucha
Y Dios sonríe en su reino celestial.

Tony Robbins y Lucía
En la conferencia de
Mastery University
en Arizona

Cuando damos lo mejor a cambio de un inmenso dolor.
Nos aproximamos a la espina,
Sin comprender que la muerte se acerca.
Pero cuando nos enterramos la espina en nuestro pecho,
Lo reconocemos...
Lo comprendemos...
Y aun así...lo ejecutamos.

— Colleen McCullough, Escritora Australiana (1937 -)

En 1994, *Élan Internacional* cumplió los diez años. Se publicaron artículos sobre esta década de logros y recibí varios honores. Entre ellos, una entrevista en la revista Hispanic Business, Inc. donde nos seleccionaron como una de las *Compañías Hispanas de Negocios de mayor Crecimiento en los EE.UU.* Jesús Chavarría es un dinámico *creador de puentes* entre las corporaciones americanas y las hispanoamericanas. El fundó esta revista en 1979 y hoy es considerada como una prominente compañía hispana en la nación. La revista reconoce la motivación, el valor y la responsabilidad de los empresarios más exitosos de Norteamérica.

Mi conocimiento en relaciones internacionales, mi dedicación en crear oportunidades de trabajo y mi lucha por mejorar de las condiciones de vivienda de los menos privilegiados en los países en vía de desarrollo, atrajo la atención de muchos.

El sueño de ver a las Américas unidas, me motivó a ayudar para que el Tratado de Libre Comercio de Norte América se hiciera una realidad. Veía a México como un trampolín para el resto del hemisferio.

Creo con firmeza que el aprecio y el respeto por otras culturas, razas e idiomas, es muy importante para la comunicación intercultural. Así que ayudar a las corporaciones de Norteamérica a lograr una mejor comprensión del mercado en Latinoamérica, llegó a ser una de mis prioridades.

Mientras trabajaba por crear un mundo mejor, apareció en frente mío un proyecto de alta magnitud para construir casas de interés social en la frontera entre México y los EE.UU., lo que fue muy importante para *Élan Internacional*. La clave de este gran proyecto fue consolidar el consorcio entre los inversionistas financieros, la tecnología de la construcción y los dueños de las tierras.

En lo más alto de mi carrera profesional, varias estaciones de radio y televisión y muchos medios de prensa y revistas cubrieron mi historia y en especial mi participación y conocimiento sobre tratados de intercambio comercial.

En 1995, Anthony Robbins vio un segmento en la NBC-TV donde yo hablaba sobre las inmensas oportunidades que los pactos de intercambio generarían en nuestro hemisferio. Robbins es un escritor y motivador, un icono cultural y una autoridad reconocida en el comportamiento al máximo nivel. Recibí varias llamadas de su oficina para que, con un selecto grupo de líderes internacionales, dictara una conferencia en uno de sus extraordinarios eventos, llamado *Mastery University*, que se presentaría en Scottsdale, Arizona.

En estos programas participaban líderes en diferentes áreas como Deepak Chopra, maestro espiritual y autor de varios libros; el General del Ejercito Norman Schwarzkopf, héroe norteamericano, y Colin Powell, quien en ese entonces era el Jefe del Estado Mayor Conjunto, y algunos más.

Mi exposición se titulaba "Creando Puentes: En Busca del Sueño de las Américas" -refiriéndome a las tres Américas como una unidad. Este tema no era familiar para muchos y, además, mi nombre no era reconocido entre los personajes del mundo de la motivación.

Esa tarde, mi conferencia marcó un momento trascendental en mi existencia. Entré al escenario, mientras la canción andina de renombre mundial *El Cóndor Pasa* retumbaba en el auditorio, y me dirigí a una multitud de más de 2.500 personas de sesenta y cinco países. La música llenó la atmósfera de un especial encanto y la expectativa era evidente. Todos se preguntaban:

-¿Quien es Lucía De García, y qué papel juega entre nosotros?

Sin embargo, mi mensaje recibió una enorme respuesta y una positiva impresión. La audiencia se identificó con cada palabra e idea que yo expresaba:

-Soy un inmigrante, hija, madre, esposa, amiga y empresaria y, a pesar de todos los estereotipos, pude soportar las adversidades con el fin de superarme.

Durante mi exposición, describía la gente que había conocido y los lugares que había visitado en algunos continentes, llenándolos de historias personales, metáforas, creencias espirituales y compartiendo mi misión y perspectiva en la vida.

Para concluir, le ofrecí a Tony tres orquídeas de tono lila, la flor oficial de Colombia, con estas palabras:

-Estas orquídeas personifican la belleza y la pasión de la gente de mi tierra y el color lila representa la espiritualidad.

Mi regalo para Tony fue simbólico. Le solicité que promoviera sus programas al resto del continente con la fuerza y la elocuencia de ese mensaje de motivación tan necesitado entre nuestra gente. Después de haber aceptado mi reto, una vez más, el auditorio se llenó con otra encantadora melodía andina, *Pampa Lirima*.

Mi sentimiento de despedida fue aun más emotivo:

-Los invito a todos a visitar el resto de las Américas, para que lleven sus sueños y esperanzas, sus corazones sinceros, su compasión y su conocimiento. Permitámonos superar las fronteras que nos separan, tanto materiales como espirituales, reales como imaginarias, y, entre todos, lograremos alcanzar la visión de una América unida. Si lo conseguimos, les prometo que encontraran el proverbial, y para mí, metafórico, cántaro de oro al final del arco iris que se mide no solo por la riqueza material, sino en hermandad, tolerancia, respeto mutuo y comprensión.

Cuando todos estos sentimientos penetraban mi propio corazón y tanta emoción invadía mi alma, tuve una experiencia nunca antes vivida -sentí la fuerza de una epifanía. Las lágrimas que brotaron no eran solo las mías; las pude ver en las rostros de la mayoría en la audiencia. En ese mismo momento comprendieron que ellos también podían sobrellevar las tribulaciones que les agobian a diario.

-¿Cuál es su poder?

-¿De dónde emana?

-¿Cómo lo conquista todo?, -preguntó Tony a la audiencia mientras yo me retiraba del escenario.

-Es el amor, -contestaron todos al unísono.

Y Tony continuó:

-El amor es su poder, y con determinación ella es capaz de lograr lo imposible, lo que muchos ni siquiera se atreven.

-¡Qué modo de percibir la vida! Ella ve los países y la gente como si fueran todos iguales...

Cuando por fin salí del centro de convenciones, una multitud me esperaba. Ellos se identificaban con cada palabra que yo decía, esperando que yo les respondiera a cada pregunta que tenían sobre sus vidas. Me sentía abrumada y exhausta. Caminé sola por fin hacia mi bungalow en el hotel trayendo conmigo algo para comer. Algunas veces me recostaba contra los muros para sostenerme y mis ojos los tenía medio abiertos.

Súbitamente, detrás de mí, una voz me susurró:

-Tú necesitas ayuda; pero yo no tenía alientos para mirar hacia atrás. Traté de prestar atención y me imaginé que este era un mensaje del cielo; alguien estaba cuidándome y me advertía el peligro.

Entré a mi habitación y sentí nauseas; mi cabeza se reventaba, tenia corta la respiración y sentía dolores en mi pecho. Me tiré en el lecho y traté en vano de alcanzar el teléfono para comunicarle a mi familia las profundas emociones que había experimentado mientras me dirigía a este grupo.

Perdí el conocimiento. No sé quien llamó a los paramédicos. Llegaron cerca de la medianoche y me examinaron con mucho cuidado. Les insistí que me sentía bien y ellos me suplicaron que me acostara en la camilla pero me rehusé de nuevo.

Luego me pidieron que firmara un papel que los liberaba de toda responsabilidad en caso de que yo no atendiera sus demandas y sufriera algún percance. Firmé el papel y fui llevada de emergencia en una ambulancia al hospital más cercano en Tempe, Arizona.

Al llegar a la sala de emergencias, apenas podía escuchar la conmoción cuando me diagnosticaron y descubrieron que había sufrido un ataque al corazón o MIR, un evento catastrófico. El infarto del miocardio, es una necrosis del músculo del corazón irreversible causado probablemente por una emoción intensa. Muchas veces es el resultado de un desequilibrio entre la demanda y la oferta de oxígeno.

Más de un millón y medio de norteamericanos sufren un infarto agudo del miocardio anualmente, de los cuales, 500.000 mueren. Luego de este episodio, el 25% de los hombres y el 39% de las mujeres mueren dentro del año siguiente.

A las tres de la mañana, mi esposo Álvaro fue notificado por teléfono en California. Mi hija Lucía Carolina estaba en un viaje de negocios en Atlanta, y Claudia María pasaba la noche con amigas. El personal del hospital les informó que yo no tenía probabilidades de sobrevivir, que quizás no llegaría al amanecer. Mi familia llegó por fin por la mañana. Estaban, por supuesto, muy preocupados y temerosos de que estos serían *nuestros últimos momentos juntos*.

-¿Por qué yo? -me pregunté.

-Yo no soy una candidata para sufrir un infarto. Siempre me he cuidado. Mujeres como yo, luchadoras, estamos supuestamente a ser invencibles.

-¿Qué pasa si muero? Dios mío, todavía no, no estoy lista para partir, todavía no he alcanzado mi misión en la vida.

-¡No es justo!

Me sentía fatigada, acabada y sin energías, y consideré rendirme en ese momento. Estaba aprisionada entre mis dos culturas. Trabajaba diecisiete horas al día, siete días a la semana, tratando de ser toda para todos, sacrificándome para llegar a ser una *súper mujer* determinada a probarle a mi esposo, a mis hijas, familiares y amigos que yo era competente y podría sobrevivir en la adversidad.

Al día siguiente me trasladaron a un centro especializado en cardiología donde me hicieron un cateterismo; un balón intra-aórtico se usó para estabilizarme temporalmente. No encontraron ruptura de la arteria, lo cual fue una bendición para mí.

Me internaron en una habitación de cuidado intensivo debido a mi estado de delicadeza. Docenas de arreglos florales llegaron de distintas partes del país, en especial el de Tony Robbins que contenía 120 pequeñas orquídeas hawaianas quizás para recordarme que lo que nosotros damos, se nos devuelve en un céntuplo.

Álvaro y mis hijas se hospedaron en un hotel cercano y me visitaban todos los días. El teléfono sonaba sin cesar; una llamada que me llamó la atención fue la de mi hermano Iván Darío desde Colombia que me dijo, entre otras cosas:

-Conéctate con el universo y trae los rayos de luz de diferentes colores a tu corazón.

-¿De qué me estaba hablando?

Yo no comprendía una palabra de lo que me decía. Sin embargo, seguí sus instrucciones y pronto comencé mi camino hacia la recuperación.

Después de permanecer doce días en cuidados intensivos, comencé un programa para aprender a balancear mis hábitos alimenticios, reducir el estrés y tomar medicamentos específicos para mi recuperación. Cuando se estabilizó mi flujo de sangre, los doctores me dieron de alta y regresamos todos a nuestro hogar en el Sur de California.

Al sentir el miedo intenso a la muerte, hubo un cambio en mi vida. Durante mi recuperación comenzó el período de mi re-descubrimiento. Tuve que aprender a tomarme el tiempo necesario para todas mis actividades, andar despacio y amar a quien en ese momento era lo más importante: yo.

Un mes más tarde, le pedí a mi hermano Iván Darío que viniera a visitarme a California para continuar con sus enseñanzas. Tomábamos largas caminatas en la playa, sosteníamos animadas charlas sobre nuestra infancia, sobre lo que sucedió con nuestros hermanos durante aquellos años que estuve ausente y compartimos la sabiduría que cada uno había adquirido todos estos años. Iván Darío me instruyó en la meditación, me explicó como yo podía ver el mundo más allá de mi entorno y a estar en paz conmigo misma.

Parte III

PUENTES HACIA LA UNIDAD Y LA PAZ

*M*ensajeros de Paz

El pájaro por tradición representa
La paz y la serenidad.
Este Pájaro en tres dimensiones
creado por Botero
También simboliza el placer de sentirse vivo
Y el poder de la esperanza.

El United Overseas Bank (UOB) tiene
La certeza que mientras exista la paz
Y la confianza entre su gente,
Singapore continuará creciendo y progresando.

La escultura de Botero nos permite
Uno de los placeres de contemplar la realidad.
Existe una confabulación sensual
Entre el artista y su creación
La cual es compartida con su público.

Inscripción en la Base de la Escultura
De Botero en Singapore

Fernando Botero
Artista Colombiano,
1932 –
Escultura en Bronce
EA I/2 - 245 x 310 x
250 CM 1990
Al fondo se ve el
Puente Cavenagh

Un Peregrinaje por la Unidad y la Paz

La Dra. Jane Goodall y Lucía
En la montaña Jane's Peak, en
Gombe, Tanzania

Jane Goodall, Mensajera de Paz de las Naciones Unidas

Cada individuo cuenta.
Cada individuo tiene una función que cumplir.
Cada individuo marca la diferencia.
Y todos tenemos una alternativa:
¿Qué clase de diferencia queremos marcar?

— Dra. Jane Goodall

¿Como conocí a la Dra. Goodall?

Es la pregunta que me hacen frecuentemente. Mi labor con el Instituto Multicultural para Liderazgo (MIL), el cual fundé en 1995, llegó a oídos de muchas instituciones alrededor del mundo.

Yo siempre mantengo contacto con aquellos cuyos caminos se han cruzado con el mío; ellos continúan siendo mis amigos y sirven como recursos de información en mis proyectos para la comunidad. Mi amigo Jonathan Hutson, quien fue director ejecutivo para el Centro de Justicia del Oeste en Pasadena (Western Justice Center), dirigió numerosos diálogos sobre diversidad para la organización MIL, así como reuniones para el proceso de paz del gobierno colombiano. Jonathan me recomendó como candidata para la junta de directores del Instituto de Jane Goodall (JGI).

Esta organización fue fundada en 1977 por la Dra. Goodall como una institución internacional a la vanguardia en programas de investigación sobre animales salvajes, educación y protección de medio ambiente, lo mismo que la conservación y el desarrollo de la comunidad.

La Dra. Goodall es una etóloga británica de renombre internacional y una autoridad en chimpancés en su hábitat natural. Ella estudió bajo la supervisión del legendario Dr. Louis Leakey en los años sesentas y su legado de más de cuarenta años como pionera en investigación y defensa de los chimpancés es el proyecto más extenso que existe en su clase en el mundo.

En el 2002, la Dra. Goodall visitó el Sur de California y decidió que nos debíamos conocer cara a cara. Yo organicé un almuerzo privado en el prestigioso Center Club de Costa Mesa con líderes de la comunidad. Era la primera vez en mi vida que yo la escuchaba dictar una conferencia sobre la conservación del medio ambiente, los animales y la educación de los niños.

¡Me sorprendió su mensaje! Su presencia invadió aquel lugar de una armonía sorprendente y sus palabras me cautivaron —en especial, la importancia de su misión como promotora de la paz y el impacto que ella produce en las mentes de millones de personas alrededor del mundo.

Después de autografiar su libro "Una Razón para la Esperanza" (A Reason for Hope), ambas nos trasladamos a un lugar privado del club y conversamos por más de dos horas acerca de nuestras mutuas inquietudes, entre otras, el peligro de la guerra entre los Estados Unidos e Irak. Hablamos sobre los individuos que ambas habíamos conocido a través de nuestros viajes por el mundo, los lugares visitados y nuestro enfoque por salvar el planeta. Lo que más me impresionó fue que su visión y su compromiso coincidían con los de mi madre - una combinación entre ciencia y espíritu.

Esa tarde regresé a mi hogar y me tiré en mi cama jadeante. Había momentos en que dudaba de mis esfuerzos.

-Y ahora, ¿Qué?

-¿Qué me estaba sucediendo?

-¿Por qué me sentía de ésta manera?

-¿Qué había yo logrado hasta ahora en mi vida?

-¿Cuál era mi papel en el mundo?

-¿Cuál era mi misión al final de todo?

Estimulada por la dedicación de la Dra. Goodall para sanar el mundo, me sentí, no solo emocionalmente fatigada, sino renovada espiritualmente. Me dormí por un par de horas y cuando abrí mis ojos comencé a llorar.

Sentí una felicidad inquietante y un sentido de responsabilidad descendió sobre mí. Éste era mi camino y ya lo había encontrado en las metas de la Dra. Goodall.

Al siguiente día me invitó, junto con sus más fervientes seguidores, a tomar un crucero por el Pacifico desde Dana Point para observar la migración de los delfines, un magnifico espectáculo. Le relaté a la Dra. Goodall mis sentimientos y me dijo, refiriéndose a una antigua frase:

-Cuando hay lágrimas en tus ojos, hay un arco iris en tu corazón.

Me di cuenta que aunque yo había trabajado por tantos años en favor de la comunidad, nunca estuve involucrada en los asuntos del medio ambiente, tan importantes en nuestra época.

En ese momento, decidí dedicarme de lleno a las causas del instituto de Jane Goodall y a colaborar con ella personalmente. Sus proyectos me llegaron profundamente al alma; "Roots n' Shoots" cuenta con 6.000 grupos en noventa y seis países y siembra cambios positivos en una generación joven para que les inspire a tomar acción.

La Dra. Jane Goodall cambió mi vida totalmente y amplió mi perspectiva, dedicándome a trabajar por causas humanitarias como parte de mi mensaje por la paz en el mundo. Ella me invitó a ser miembro de su cuerpo de directores, lo cual me proporcionó el privilegio de participar en sus proyectos de investigación, de visitar magníficos lugares en la tierra y demostrar el poder de acción individual para cambiar el mundo.

Así fue como encontré el vehículo perfecto para continuar mi función de crear comprensión entre los pueblos, y ayudar a conquistar la armonía en el mundo.

Una Expedición a África

En el verano del 2004, varios miembros del cuerpo de directores del instituto JGI viajamos a Dar Es Salaam en Tanzania, el lugar donde el programa Roots n' Shoots se fundó. La lengua oficial es el Suahili y con algunas expresiones básicas que aprendí, ya estaba lista para comunicarme con la gente local.

Esta era mi primera visita a la parte oriente del continente africano y estaba preparada para descubrirlo hasta lo más profundo. Quería incrementar mi riqueza de conocimientos en esta región misteriosa y encantadora, cultivarme sobre estas fascinantes culturas, su gente, sus paisajes y captar sus admirables tradiciones.

Allí permanecimos varios días educándonos sobre las actividades que se llevaban a cabo en esta región, y para nuestro deleite, cruzamos el mar hacia la recóndita isla de Zanzíbar. La antigua ciudad de Zanzíbar es llamada *Ciudad de Piedra* (Stone Town) por sus fortalezas y fue designada Patrimonio de la Humanidad por la UNESCO. En sus callejuelas estrechas y exóticas me topé con una familia de la tribu Masai, famosos ganaderos y guerreros que habitan en una región entre Kenia y Tanzania. Un verdadero ejemplar cultural.

Abordamos luego un avión a Kigoma donde la Dra. Goodall, -Jane como ella prefiere que la llamemos los más allegados- nos estaba esperando. Esta ciudad es la sede de TACARE (Take Care), un proyecto del JGI para la preservación del medio ambiente. Visitamos las comunidades rurales de Mkongoro y Kalinzi con su infraestructura, observamos el desarrollo de árboles y vegetales para la subsistencia en Kisozi, el dispensario de salud y la planta para la protección del agua en Mkigo, una exposición del rescate de la selva de Nyarubanda y la planta de hibridación en Ujiji.

Los resultados de estos magníficos proyectos me impresionaron profundamente al ver con mis propios ojos que nuestros esfuerzos a favor del JGI no eran en vano.

Seguimos nuestra travesía en bote bordeando las costas del Lago Tanganyika hacia el Centro de Investigación en el Parque Nacional de Gombe. Al llegar, acampamos en las antiguas instalaciones donde Jane y su equipo de exploración vivió años atrás.

Por varios días exploramos estas montañas misteriosas, caminamos por recónditos lugares fértiles y nos maravillamos con la desconocida, al menos para mí, vida salvaje. Observamos el mundo maravilloso de los chimpancés, los mandriles y los monos en su propio entorno, y nos recreamos en la selva virgen con sus hermosos coloridos.

El Parque Nacional de Gombe es un lugar sagrado para Jane. Cuando ella, a una edad muy joven, llegó a las playas del Lago Tanganyika en 1960, fue la realización del sueño de su juventud.

Mi ilusión era visitar esta montaña algún día. Jane viaja a esta región varias veces al año y sube hasta la cumbre llamada *Jane's Peak*, para observar los chimpancés y supervisar los programas de investigación que se llevan a cabo en el área.

Después de varias horas de escalar la pendiente por entre espinosos arbustos en medio del calor sofocante y con la ayuda de algunos de mis compañeros de expedición, finalmente alcancé la cima. Jane estaba esperándonos ansiosa, en especial por mí, pues no estaba segura de si yo alcanzaría a llegar. Ella sabía de antemano que yo había sufrido un accidente previo a mi viaje y todavía yo padecía malestares físicos.

Jane y yo nos sentamos juntas en el mismo paraje donde, por décadas, ella había estudiado a los chimpancés. Yo sentí su inmensa tristeza mientras ella observaba cuanto había cambiado éste lugar. Contemplamos juntas estas enormes montañas, los incendios y los efectos de la deforestación que había desolado esta tierra tan amada por ella. Oré para que Dios nos diera fortaleza, y le susurré al oído:

-Yo sé que nuestras madres nos están mirando desde el cielo, -refiriéndome a una conversación anterior que habíamos tenido donde yo consideraba el hecho de tener madres que nos apoyaron en nuestras ilusiones por conquistar hasta lo imposible.

Las lágrimas rodaron suavemente por mis mejillas. Una sensación extraordinaria invadió mi corazón, el viento acarició mi cuerpo y una sensación de paz y dulzura recorrió mi espíritu. En este lugar aprecié el sonido del silencio; ese momento llegó a ser un toque de luz en mi existencia. Estaba penetrando en lo espiritual y lo impetuoso, lo fastuoso y lo apasionado.

Ya cuando comenzamos el descenso, hicimos un alto en las cataratas, un espacio sagrado donde los chimpancés se bañan al caer la tarde. Escogí un lugar cercano a la caída del agua para contemplar con tranquilidad este raro momento.

Continuamos nuestro camino, y luego, lo que todos esperábamos- la oportunidad ideal para observar los chimpancés en su hábitat natural. Nos acercamos solo de a cinco personas para no asustarlos y permanecimos a unos pocos metros de su lugar de recreo y en silencio los observamos. Sentados bajo un frondoso árbol se hallaba una familia de siete chimpancés. Vimos como jugaban afanosos y se acariciaban suavemente para cimentar el afecto entre ellos, al mismo tiempo que ignoraban nuestra presencia.

Con mi habitual curiosidad, invité a algunos de los nativos y del personal de TACARE que nos acompañaban a cambiar ideas acerca de las interacciones culturales, las diferencias que existen entre hombres y mujeres y los contrastes económicos entre África y EE.UU. De esta forma traté de crear puentes de comprensión en estas remotas regiones.

Nuestro trayecto prosiguió y abordamos una pequeña aeronave de ocho puestos hacia Nanyuki en Kenia para participar en un safari. Muy cerca, en las afueras de esta ciudad, se encuentra la Reservación de Caza Aguas Dulces (Sweetwaters Game Reserve). Acampamos y tomamos nuestros alimentos al frente de un inmenso charco donde magníficas especies de animales salvajes se reunían durante el día a beber.

En la noche con un frío que penetraba hasta los huesos,

nos lanzamos a vagar por legendarias llanuras en un campero mientras nuestros guías iluminaban la profunda oscuridad con sus reflectores y buscaban el rastro de animales salvajes, como leones, rinocerontes, búfalos y leopardos. De pronto, de frente vimos una manada de elefantes que marchaba con los pequeños en el medio para protegerlos y tuvimos que esperar por varios minutos mientras ellos se alejaban.

Cerca de allí está el Santuario de los Chimpancés de JGI donde se les hace un proceso de rehabilitación y se les enseña a valerse por sí mismos. Mientras jugaba en el césped con dos de los pequeños chimpancés nacidos en cautiverio, con el corazón partido, me preguntaba:

–¿Como podríamos parar este deplorable tráfico de chimpancés?

Después de unos días, nos trasladamos hacia la bulliciosa ciudad de Nairobi en un vuelo de varias horas. Durante un paseo por las afueras de esta gran urbe, encontré la serenidad rural y la belleza en las Colinas de Ngong. Allí, una escena maravillosa aparecía ante mis ojos: la espectacular hacienda de café que perteneció a la escritora danesa, Karen von Blixen (conocida también como Isak Dinesen) y autora del libro "Out of África" quien dijo una vez: *Dios creo el mundo redondo para que nunca pudiéramos ser capaces de ver más allá del camino.*

En muchas ocasiones he tenido la buena fortuna de compartir con la Dra. Goodall, ya sea en las juntas con los miembros de la dirección del JGI donde deliberamos acerca de los futuros proyectos en todo el mundo, ya sea en actividades sociales para la obtención de capital financiero para nuestra organización o ya sea rezando juntas por aquellos que se han marchado de este mundo y por los que son optimistas de un mejor futuro. Pero siempre celebrando la vida

Jane representa la serenidad, la paz, la fortaleza y la determinación, y es una interminable fuente de inspiración y

esperanza para todos los que están a su alrededor.

La Dra. Goodall viaja incansablemente durante todo el año en su conquista por hacer de éste, un mundo superior. Ella es una autentica *creadora de puentes* y una mensajera para la unión y la paz.

Nelson Mandela, Ganador del Premio de la Paz en 1993

He luchado en contra de la dominación de la raza blanca,
Y he luchado en contra de la dominación de la raza negra.
He respetado el ideal de una sociedad democrática y libre
En la que todas las personas vivan juntas en armonía
Y compartan las mismas oportunidades.

Es mi ideal, el cual espero sobrevivir y poder alcanzar.
Pero si es necesario,
Es un ideal por el cual estoy dispuesto a morir.

—**Nelson Mandela**, en el Juicio de Rivonia,
Corte Suprema de Pretoria, 20 de Abril de 1964

África, La Cuna de la Humanidad

La arqueología prehistórica en la Cuna de la Humanidad en Sudáfrica fue particularmente significativa para mí porque me permitió explorar y prepararme para mi visita con la Dra. Goodall al oriente africano.

Lucía y Luz Jacques
en la plaza Mandela
en Johannesburgo

En el año 2004, visité a Johannesburgo, la capital corporativa y del entretenimiento del continente africano. La región ha sufrido una transformación política y un cambio socio-económico profundo. En esta ciudad vibrante y cosmopolita, tuve una experiencia memorable.

La vida de Nelson Mandela simboliza el triunfo del espíritu del ser humano sobre la crueldad del hombre contra el hombre. Su trabajo personifica la lucha en favor de los sudafricanos que sufrieron y sacrificaron tanto para obtener la paz en su nación. El aceptó el Premio Nóbel de la Paz como un tributo hacia toda la gente que ha trabajado por la unión y la paz y se ha manifestado en contra del racismo.

En mayo del mismo año, a la Plaza Sandton se le dio el nombre de *La Plaza de Nelson Rolihlahla Mandela* en conmemoración de los diez años de democracia en Sudáfrica. En el pasado, a este lugar se le conocía como un símbolo del elitismo social y comercial, y fue uno de los más grandes espacios públicos abiertos en Sudáfrica.

Yo estuve allí durante las festividades que marcaron la inauguración de la primera estatua pública de Nelson Mandela en el mundo; este hombre dirigió al país a salir del sistema de segregación y discriminación contra la población negra en África del Sur. Mandela ha sido un triunfador en la lucha por los oprimidos y los menos privilegiados. Estar al lado de esta gran estatua de bronce de seis metros de alto fue una gran experiencia. Será un recuerdo constante de la vida de este hombre intrépido que luchó por mucho tiempo para tener un país más justo y un mundo más consciente de los problemas que tiene la humanidad.

El Dalai Lama

El Dalai Lama
En la Universidad del
Estado de California,
Fullerton, CSUF

Hoy, más que nunca, debemos llevar la vida
Con un sentido de responsabilidad universal,
No solamente de nación a nación y de persona a persona,
Sino también en relación a otras formas de vida.

— El Dalai Lama, nacido en el Tibet (1935 -)

En el año 2000 me afilié al Centro para Estudios Religiosos
en América de la Universidad del Estado de California en
Fullerton (CSUF). El Dr. Benjamín Hubbard, profesor de
Religión Comparada y experto en iniciativas basadas en la
fe dirigió éste programa.

Entre los participantes en las disertaciones estaba el Embajador Ananda Guruge, un budista nacido en Sri Lanka y una autoridad suprema en las principales religiones del mundo. Me impresionó profundamente su integridad, su corazón generoso y su vida sencilla. Había otros líderes religiosos que representaban las principales religiones de la tierra. Mi responsabilidad en este grupo era establecer puentes de entendimiento entre la comunidad de los negocios con la filosofía y la religión.

El líder espiritual, Su Santidad el Dalai Lama décimocuarto, es considerado como la manifestación del Avalokiteshvara, el Señor de la Compasión, cuya función es rescatar a otros del sufrimiento. El huyó del Tibet junto con sus seguidores cuando China invadió su amado pueblo y se encuentra en el exilio desde entonces. Por su dedicación en hacer cumplir los derechos humanos en todo el mundo, le fue otorgado el Premio Nóbel de la Paz en 1989.

El Dalai Lama visitó CSUF en junio del año 2000 y allí estuve presente junto con el presidente de la universidad, Dr. Milton Gordon y otros ejecutivos y representantes de diversas religiones, para tomar parte en una ceremonia especial que consistía en plantar el árbol *Bodhi* o higuera sagrada.

De acuerdo con la tradición budista, hace unos 2.500 años, Siddharta, el fundador del Budismo, se sentó debajo del árbol *bodhi* cuando le llegó la iluminación. El árbol, cuyo nombre en latín es *ficus religiosa*, puede crecer hasta treinta metros de alto, sesenta y cinco metros de ancho y vivir hasta 2.000 años.

Era un día magnífico, el sol estaba resplandeciente y la expectativa era enorme. El Dalai Lama bendijo el árbol con la sencillez que lo caracteriza. La ceremonia se llevo a cabo en el área subtropical del Jardín botánico de Fullerton.

Representando la religión Judía estaba el Dr. Ben Hubbard, la Cristiana, Robert McLaren, la Hindú, Radha Bhattacharya y la Budista, Nawang Phuntsog. Juntos levantaron una pala dorada para llenar la tierra alrededor del árbol mientras numerosos espectadores observábamos.

Ya en el Anfiteatro Becker, Su Santidad se dirigió a nosotros con una voz dulce, casi sumisa, y con la ingenuidad que lo caracteriza, nos entretuvo con anécdotas que no solo elevaban el espíritu, sino que también eran jocosas. Luego bendijo a la audiencia y fue colocando blancas bufandas en los hombros de algunos de los presentes.

La visita de éste venerable personaje causó una honda impresión en mi vida interior, tanto como a aquellos que atendieron las diferentes ceremonias. En ocasiones visito el jardín botánico para meditar al pie del árbol *bodhi*, el cual es un recuerdo permanente de la presencia de Su Santidad El Dalai Lama.

Estos preciosos momentos contribuyeron a mi desarrollo espiritual, acrecentaron mi conocimiento de las diferentes religiones del mundo y enaltecieron mi respeto hacia todo ser humano.

Un Peregrinaje por la Unión y la Paz

Lucía con el Fraile Anthony Delisi, OCSO,
en el Monasterio del Espíritu Santo
en Georgia, EE.UU.

Cada uno de nosotros lleva en sí (dentro)
Una campana muy sensible.
Esa campana se llama
corazón.
Este corazón suena,
Y es mi augurio que el vuestro
Interprete siempre bellas
melodías.

-Papa Juan Pablo II (1978 - 2005)

Mi peregrinaje por la vida es un camino perenne que me
ha conducido a países remotos para visitar antiguos mo-
nasterios, venerables conventos, iglesias góticas de la época
románica, lo mismo que basílicas y catedrales rococó, ba-

rrocas y neoclásicas. Como una viajera errante visito regiones desconocidas, paso por caminos religiosos que fueron atravesados por los celtas y los romanos, los santos y los guerreros, y vago en busca de lugares sagrados que hagan mi viaje más liviano.

Estos lugares auténticos, museos selectos, cementerios artísticos, jardines coloridos y monumentos históricos han inspirado en mí el acatamiento por todo lo que es sagrado y me han servido para crear el puente entre el pasado y el presente y a unificarlos con el espíritu.

Mi marcha es sin pretensiones. Está colmada de un deseo inmenso de conectarme con el corazón de la gente que me encuentro a lo largo del trayecto —gente de todas las edades, de diferentes condiciones sociales, diversas raíces étnicas y complejas personalidades que abarcan todo el espectro del espíritu humano.

En la primavera del año 2004 fui a un peregrinaje a Europa para restablecer mi salud que iba decayendo poco a poco, para reorganizar mis pensamientos y para vigorizar mi espíritu. Este periplo tenía un objetivo principal: Tomar responsabilidad sobre mis propias acciones.

Antes de partir hacia Europa fui a Conyers, un pueblito a unas 30 millas de las afueras de Atlanta. En un camino apartado y tranquilo, se asoma el Monasterio Católico-Romano de Nuestra Señora del Espíritu Santo de la Orden Cisterciense de Observancia Rigurosa. Los monjes se dedican a venerar a Dios llevando una vida secreta dentro del monasterio.

Esta comunidad es orientada completamente a una vida de contemplación y de oración. Ellos llevan una manera de vivir monástica en soledad y silencio, en oración constante y penitencia en suprema felicidad.

Yo había escuchado hablar sobre el Fraile Anthony Delisi y tenía muchos deseos de conocerlo. El Padre Delisi es un monje venerado, un autor reconocido y un ferviente servidor en su comunidad por más de cincuenta años.

Yo me acerqué a la vendedora que se encontraba detrás de la estantería del almacén de la Abadía.

-¿Puedo ver al Padre Anthony Delisi? -le pregunté con firmeza.

-¿Cómo se llama usted?

¿Tiene alguna cita con él?, -se dirigió sorprendida ante mi osadía.

-Yo vengo en una misión importante y me urge verlo, -le confesé sin titubeos.

Ella le telefoneó al Padre Delisi a su refugio. El Padre, un poco curioso por esta visita inesperada, accedió a verme y le pidió a la dependiente que me dirigiera hacia su oficina. Atravesé por los jardines inmaculados, a lo largo de un prolongado corredor para terminar por fin en el sótano del convento. La puerta grande de gruesa madera se abrió y dentro de este claustro semi-oscuro, estaba el fraile Anthony rodeado de cientos de libros y de notas regadas en su mesa.

Este hombre sagrado llevaba una cabellera corta, su barba blanca y una sonrisa placentera. Me impresionó su presencia que reflejaba su espiritualidad en todo sentido. Sin levantarse de su silla me preguntó:

-¿A que vienes hija mía?

-Voy hacia Roma para una Audiencia con Su Santidad el Papa Juan Pablo II, -le manifesté con confianza.

El Padre Anthony estaba sorprendido y se dirigió conmigo hacia el comedor de la abadía para ofrecerme algo de comer.

-¿Debes tener muy buenos contactos? -me dijo.

-Si, Padre, el que está allá arriba es mi contacto, -le respondí señalando hacia los Cielos.

-Tengo una relación muy íntima con Dios.

Con una sonrisa de aprobación, procedimos luego con el protocolo. Le solicité que me bendijera y le relaté que traía conmigo muchos pedidos de familiares y amigos que me solicitaron que les sirviera como un conducto para sus curaciones.

Después de orar juntos y conversar sobre la espiritualidad, le relaté al Padre acerca de mi búsqueda por la armonía y la paz entre el mundo material y el espiritual y me prometió unirse en esta misión. Luego me pidió un favor especial. Entregándome el libro de su autoría, "¿Que hace a un Monje Cisterciense?" con su dedicación al Papa me dijo:

-¿Puedes llevarle este regalo al Santo Padre de mi parte?

-¡Claro que si!, -le respondí feliz de poder servirle.

Salí de allí radiante danzando por los jardines del monasterio con la esperanza y la fe de que el comienzo de esta peregrinación ya la había superado.

Hacia Roma, la Ciudad Santa

Éramos un grupo de amigos y conocidos, peregrinos de diferentes regiones del continente Americano acompañados por el Padre José Luís, sacerdote católico mexicano y Flor María, (como cariñosamente la llaman todos) una consejera espiritual costarricense, quienes nos apoyaron en oración desde el principio hasta el fin de ésta excursión. Nos reunimos todos en el aeropuerto de París y de allí partimos juntos a Roma.

Tener una Audiencia con el Santo Padre Juan Pablo II diez meses antes de su muerte, fue una bendición y una ocasión única en la vida. Como un regalo de Dios nos asignaron los asientos en primera fila en frente del palio donde se sienta el Papa en la Plaza de San Pedro.

La salud de El Sumo Pontífice ya se estaba deteriorando y casi ni se podía mover. Sin embargo, su fortaleza espiritual, su extraordinaria serenidad y su deslumbrante carisma estaban intactos. Hizo su entrada en el Papamóvil. De pronto una luz como un destello en el amanecer nos sacudió, era tan brillante que casi encandilaba. El Santo Padre se dirigió en diferentes idiomas a la multitud de feligreses con una voz casi inaudible, una forma de susurro:

"Saludo hoy a los jóvenes, a los enfermos y a los recién casados, y en este mes de mayo que acaba de comenzar, los invito a renovar su devoción a Nuestra Señora."

Se notaba que estaba haciendo un esfuerzo sobrehumano para llevar esta misión hasta el final y dejarnos un legado para que continuáramos en su labor de crear un mundo de unión y de paz. Yo sostuve en frente mío toda la parafernalia religiosa que había comprado para capturar las bendiciones del Pontífice y regalárselas a mis familiares y amigos a mi regreso.

En mis innumerables viajes siempre he hecho un esfuerzo para atender la Misa celebrada por el Papa a través del mundo, ya sea en México, Nueva York, Los Ángeles o Roma. Cuando he estado en Su Presencia han sido momentos de gozo que siempre atesoraré, mientras viva, en lo más recóndito de mi corazón.

En Italia viajamos de norte a sur y de este a oeste visitando iglesias donde se veneraban los restos de santos y santas que habían nacido en estos pueblos y santuarios donde la venerada Madre María, la Reina del Cielo, se ha aparecido en la tierra cientos de veces durante los momentos más cruciales en la historia.

Parecía que cada pueblo o ciudad competía por ser la sede de algún santo y, de esta manera, las peregrinaciones llegarían a contribuir con la economía del lugar. Disfrutamos de los paisajes más espectaculares de la campiña, bordeando los inolvidables parajes de los Apeninos y repasando la historia medieval y etrusca a lo largo del camino.

Dejamos Italia desde Milán en avión hacia España volando sobre los picos blancos de los Pirineos y aterrizamos en Bilbao. De allí recorrimos en carro parte del famoso Camino de Santiago de Compostela. *El Camino* es también un Patrimonio de la Humanidad de la UNESCO y tiene un poder especial de seducción. La magia de *El Camino* se encuentra en "ir despacio" con el apoyo de cada persona que encuentras a lo largo de la vía.

Los peregrinos de todas las religiones y credos emprenden este viaje caminando aproximadamente 20 kilómetros al día, 800 kilómetros en siete semanas, en búsqueda del significado de lo místico. Esta jornada les ayuda a purificar su espíritu en la investigación de una transformación trascendental y un proceso de regeneración. Es un puente mágico de historia y de legendas que se establece entre la materia y el espíritu.

Cerca de este sendero, encajado en las montañas de Santander, está localizada la aldea remota de San Sebastián de Garabandal. Este lugar tranquilo y apacible fue años atrás donde ocurrió un evento que atrajo miles de personas de todo el mundo. Desde 1961, cuatro jovencitas: Conchita, Jacinta, Mari Loli y Mari Cruz revelaron que el Arcángel San Miguel les anunciaba la aparición de la Virgen María, y que ésta se les había aparecido docenas de veces.

Una de las casas principales que servía como hostal, pertenecía a Marcelina la hermana de Jacinta donde yo me hospedé. A la hora de las comidas compartíamos los incidentes del día, disfrutábamos de las conversaciones sobre la historia del lugar y nos deleitábamos con las experiencias misteriosas que contaban los otros peregrinos.

Cada mañana yo hacia *votos de silencio* para meditar. El silencio es una de las observaciones de los religiosos Cistercienses, *es aquel lugar donde somos capaces de aquietar nuestro interior, estar abiertos y libres y tener la experiencia de estar en la presencia del Sublime que nos creó y que nos ama,* -escribió el Fraile Anthony en su libro.

En lo alto de la aldea hay un lugar tranquilo con una agrupación de pinos donde se dice que sucedieron la mayoría de las apariciones. Escalé la montaña y cuando llegué a la cima, me acosté boca arriba en esta tierra venerada y, mirando al firmamento, imploré por aquellos que no estaban ya con nosotros y aquellos que buscaban la recuperación en diferentes aspectos de sus vidas.

Desde esta altura divisé el panorama magnifico que se presentaba ante mis ojos y de pronto me di cuenta que la existencia agitada que yo llevaba me estaba causando daño. Dentro de mí había una energía mucho más grande que la vida misma y me incitaba a querer lograr más de lo que yo podía abarcar. Mi espíritu corría más rápido de lo que mi cuerpo resistía y me sentía cansada. Al fin paré y murmuré:

-!Por favor, espérame!

Me llegó, como sí pareciera, un baño de luz celestial, reconocí de inmediato el poder inmenso de Dios en mi vida y Su Presencia en cada uno de mis pasos. Tenía una tarea que cumplir y este era el momento de mi renacimiento.

Parte de mi labor es crear un vínculo con mi cuerpo físico, mi mente y mi alma, dedicarme más frecuente a la meditación y practicar el silencio interior. Estas prácticas profundizan mi comprensión hacia el universo.

El Milagro en Lourdes – La Capital de la Oración

Solo hay dos maneras de vivir tu vida.
La una es como si nada fuera milagroso.
La otra es como si todo lo fuera.

— Albert Einstein (1879 - 1955)

Es ente pueblo francés, en 1858 la Madre Bendita de Jesús, la Inmaculada Concepción se le apareció por primera vez a una niña llamada Bernardette en un pequeña gruta entre una roca. Una fuente de agua fresca prodigiosa, que se cree que tiene poderes medicinales curativos, comenzó a brotar de la roca de Massabielle. Ésta se conoce también como la Cueva Milagrosa y la Cueva de las Apariciones.

El agua purifica el alma y es el sustento de la vida. Un milagro es una señal de Dios que muchos alrededor del planeta han tenido la experiencia. Ir a Lourdes es tener la esperanza de la curación y descubrir la compasión para los que se sienten abandonados.

Me trasladé allí para pedir un milagro que sanara mi cuerpo del mal que venia padeciendo, le diera inspiración a mis sentidos y le concediera la paz interior a mi alma a través del agua sagrada de estos manantiales de Lourdes.

En este extraordinario lugar hubo un momento que me conmovió intensamente. Miles de peregrinos, los más enfermos y desahuciados, habían llegado de todo el mundo y bajaban en línea uno detrás del otro envueltos en mantas azules para distinguirlos. Acomodados en sillas de ruedas, éstas eran empujadas por otras tantas enfermeras y voluntarias y se dirigían a la gruta llenos de fe y esperanza para limpiar sus espíritus y curar sus debilitados cuerpos.

Llovía a torrentes y cuando llueve en Lourdes es como si el cielo llorara para limpiar nuestras impurezas. Yo me coloqué en la línea, en frente de las casas de baño, al lado de la gruta. Filas de personas esperaban su turno mientras entonábamos el *Aleluya* y el *Ave Maria* en latín, la lengua universal cristiana. Hacia la izquierda estaban los hombres y hacia la derecha las mujeres; separados todos sentíamos la exaltación y la anticipación del anhelado momento. Éste era el período de la transición entre lo mundano y lo espiritual que se convertía en un momento efímero en el tiempo.

Las religiosas y las enfermeras auxiliaban con ternura y cuidado a los enfermos en esta maravillosa experiencia y, por fin, me tocó mi turno. Detrás de las cortinas me despojé de mi ropa mientras dos vigilantes escudaron mi cuerpo con una sábana blanca. Luego me preguntaron si quería pedir algo en particular para poder rezar conmigo y ser curada. Desnuda, me sumergí lentamente en las aguas heladas que venían desde el manantial y llenaban los estanques. Fui guiada por ellas hasta el otro lado del estanque donde una pequeña imagen blanca de la Virgen María me esperaba.

Cuando alcancé ésta venerada imagen, estallé en un sollozo desgarrador y místico a la vez. Les pedí a las custodias que me rociaran agua por todo mi cuerpo. Este era el renacimiento que tanto había esperado desde mi niñez cuando leía la historia de Bernardette. Fue una sensación milagrosa y espiritual que quería permanecer allí para siempre.

Ocurrió entonces una manifestación prodigiosa cuando al salir, sentí una súbita recuperación. Podía caminar sin dificultad y me sentí transformada cuando me convertí en un testigo viviente de mi propio milagro. Una fuerza misteriosa actuó en el plano desconocido entre la ciencia y la religión.

Mi paso se tornó liviano y seguro; transité silenciosa por varias horas entre la gente y quería compartir este instante con todos. Fue una intervención divina, conmovedora y llena de ternura. Este momento sublime y enaltecido que probó que la esperanza y la fe dependen de uno mismo.

En el otro lado de la gruta la muchedumbre llenaba sus botellas y garrafas con el agua bendita. Yo vertí el agua en varias botellas plásticas que tenían la forma de la Inmaculada, para llevárselas a mis familiares y amigos que querían renovar su cuerpo físico, su espíritu y su estado emocional.

Esta experiencia religiosa ha transformado mi ser, vigorizado mi compromiso por la unión y la paz con mis semejantes y fortalecido mi conexión entre el mundo material y el mundo espiritual.

CAPITULO 12

Mi Propósito en la Vida

Si

Si guardas en tu puesto, la cabeza tranquila,
Cuando todo a tu lado es cabeza perdida.
...Si tropiezas el triunfo, si llega tu derrota,
Y a los dos impostores les tratas
de igual forma.

Si hablas con el pueblo y guardas tu virtud.
Si marchas junto a reyes con tu paso y tu luz.

Si llenas un minuto envidiable y cierto,
De sesenta segundos que te lleven al cielo...
Todo lo de esta tierra, será de tu dominio,
Y mucho más aún, serás hombre, hijo mío.

— Rudyard Kipling, Nació en Bombay, India,
(1865 - 1936)

Convocación Anual del Instituto Multicultural para Liderazgo (MIL) En el Estadio Angels de Anaheim, 1998

La belleza de este poema me ha inspirado a la conquista de mi propósito en la vida y tengo la esperanza de que también impactará sus vidas.

Cuando yo era niña, las estaciones locales de radio anunciaban ocasionalmente el estado de emergencia, donde todos los dueños de automóviles en la ciudad de Medellín eran citados al aeropuerto para que prendieran sus luces e iluminaran la pista de aterrizaje. El antiguo aeropuerto era, en ese entonces, uno de los más peligrosos del mundo. Estaba localizado en medio de la ciudad rodeado de montañas así que las aeronaves tenían gran dificultad para aterrizar en la noche.

Años más tarde, *traigamos todos la luz* llegó a ser la metáfora cuando yo convocaba a los líderes de la comunidad para crear una organización multicultural que estableciera vínculos entre los diferentes grupos sociales de los Estados Unidos de América.

-Esta es la razón por la cual estamos todos aquí, para traer la luz del entendimiento — una luz tan brillante que se extenderá por doquiera e iluminará todos los confines de la tierra, -les recordaba constantemente.

En el año 2000, viajé a mi natal Colombia para celebrar mi reunión de bachilleres del Colegio Mayor de Antioquia. Una de las egresadas quien es trabajadora social, me pidió que visitara con ella una de las zonas marginadas (tugurios) de Medellín, ubicada en las laderas más altas de la ciudad, llamada Santo Domingo Savio. Allí existe un proyecto para la comunidad diseñado a reintegrar a los habitantes de esta región a un orden social, brindándoles educación y edificándoles nuevas viviendas.

Me invitaron a darles un mensaje de esperanza, de amor y más que todo de unión y paz a todos aquellos que viven en extrema pobreza. Cuando empecé a dirigirme a las muchas familias allí reunidas, un joven de unos catorce años, más bien delgado y de piel oscura, trataba de interrumpir mi presentación formando algarabía en la parte de atrás del auditorio.

Se llamaba Duvián. Debajo de su camisa sostenía algo con su mano. Sin sentir temor alguno le pregunté:

-¿Qué es lo que escondes jovencito?

Él sacó un arma — y más tarde me enteré que era de juguete. Lo invité a que se acercara a mí y se sentara en la primera fila. Sin intimidarme, continué con mi charla brindándoles a todos palabras de aliento, de un futuro lleno de oportunidades y compartí con ellos mis propias dificultades de adaptarme a otro país y cómo logré superarlo todo. Terminé mi mensaje diciéndoles:

-Con determinación, educación y dedicación al trabajo, ustedes también pueden conquistar lo imposible, y como yo, llegarán a ser *ciudadanos del mundo.*

Después de mi ponencia, invité a Duvián para que nos sentáramos solos y lo persuadí para que me contara su historia. Este era un día de colegio y me extrañó el por qué no había atendido sus estudios.

-Nadie quiere juntarse conmigo porque soy negro, -él me respondió.

-Los prejuicios aún existen en el mundo en que vivimos, incluso en las sociedades más avanzadas, -le dije. Sin embargo le aseguré que todavía existían personas como yo que luchaban cada día por hacer algo que disminuyera la intolerancia entre las diferentes razas.

-¿Qué quieres hacer en tu vida? -le insistí.

Él sin titubeos me contestó:

-Quiero tener una motocicleta y convertirme en un *sicario* para tener mucho dinero y conseguir un automóvil y mujeres.

En nuestra larga e intensa conversación yo hice todo lo posible para convencerlo que siguiera otras vías más constructivas que lo llevarían a ubicarse en un ambiente más positivo, adquirir solvencia económica y llegar a ser un mejor ser humano.

-Con educación, lo lograrás, -le repetí las palabras de mi madre que aun hacían eco en mi corazón.

Mis palabras no fueron en vano. Unos meses más tarde, desde los Estados Unidos, llamé por teléfono a la trabajadora social y a la directora encargada de este proyecto y les pregunté por Duvián. Para mi deleite, me informaron que él se había convertido en el líder de los jóvenes de esa zona y que estaba coordinando grupos de liderazgo entre ellos.

Yo lo llamé varias veces para monitorear su progreso.

-¿Duvián, que te hizo cambiar? -le pregunté.

Él me respondió:

-Cuando usted nos explicó que si una persona en una sociedad cambia, esa persona puede transformar a 250 más y cada uno transformará otras 250. Esto me convenció que todos podemos cambiar el mundo.

¡Que gran satisfacción se siente al comprender el poderoso impacto que las palabras expresadas con compasión pueden tener en la vida de algunos! Una visión de una democracia multicultural y un bordado de culturas pueden lograrse con una mente abierta y practicando la tolerancia con todos.

Así es como todos podemos marcar la diferencia.

El Multiculturalismo – Una Amalgama de Culturas

La perspectiva norteamericana ha cambiado mucho en los últimos cincuenta años y para vivir pacíficamente en una sociedad tan diversa se necesita que aquellos que vinieron de otras culturas sean guiados por líderes en los negocios, la religión, la educación y el gobierno y que reconozcan y respeten esas diferencias.

Mientras sigamos siendo intolerantes y obstinados en nuestras diferencias, existirá la violencia. Crear un mundo que aprecie la diversidad cultural y estimule la comprensión, la tolerancia y el respeto por todos, ha sido siempre mi ideal.

En 1995, fundé el Instituto Multicultural de Liderazgo (MIL). "Descubrir nuestros rasgos comunes y celebrar nuestras diferencias" es nuestro lema. Yo pude alcanzar a ver mi misión en la vida transformarse en realidad. Mi responsabilidad era edificar una sociedad de cooperación, interdependiente e incluyente y apoyar a aquellos que llegan de otros países con la esperanza y las ilusiones de construir nuevas vidas en una sociedad libre.

Las metas que MIL logró, nos colocaron a la vanguardia en asuntos de inmigración. El instituto organizó seminarios sobre multiculturalismo, en los cuales se debatían temas de la comunidad sobre razas, clases sociales, diferencias de sexo, grupos étnicos diversos, y discriminación en el trabajo por la edad.

Muchos líderes asistieron a estos seminarios mensualmente. MIL compartió las experiencias y los resultados de estos diálogos con la comunidad, el estado, el país y el exterior. Estábamos preparando nuestra sociedad para el próximo milenio, y rompiendo barreras entre religiones y razas mientras organizábamos coaliciones.

Nuestra organización MIL llegó a ser un catalizador y una fuerza dinámica en los temas de diversidad y multiculturalismo, establecida para influenciar a los demás.

La misión del instituto coincidió con la de varias organizaciones políticas y corporaciones tales como Las Redes de Canales Internacionales (ICN), la cual provee programaciones multiétnicas en diferentes idiomas en los Estados Unidos y en más de veinte países asiáticos, europeos y del Medio Oriente.

Las corporaciones empezaron a emplear individuos que los representaran en las diversas comunidades étnicas para que cerraran la brecha y sirvieran de conexión entre el consumidor y la comunidad estadounidense en general.

En mi conquista en pos de la unión y la paz me he dirigido a muchas organizaciones diversas a través de los años, por ejemplo, instituciones de educación superior como la prestigiosa Universidad de Syracuse en Nueva York, organizaciones basadas en servicios a la comunidad, Nuevos Horizontes, un hogar para jóvenes abandonadas y varias Cámaras de Comercio étnicas. He debatido acerca del impacto que causa la diversidad en las corporaciones de América del Norte al entrar al siglo XXI, y me he dirigido a multitudes para hablar sobre el papel que México juega en los intercambios comerciales, como "El Trampolín Hacia el Resto de Latinoamérica: La De-mixtificación Norteamericana de los Comportamientos Culturales."

Ésta ha sido mi manera de colaborar a crear un mundo de comprensión y abrir un camino efectivo para reducir las barreras que existen hoy entre los diversos grupos raciales.

Para transformar nuestra sociedad, la infraestructura debe estar en su lugar para darles respaldo a las personas con una visión estable y conectar los seres humanos a través de la comprensión, el respeto y la tolerancia.

Muchas Perspectivas, Una Sola Visión

Como inmigrante de esta gran nación, como empresaria que me he levantado por mis propios esfuerzos y como dueña de una compañía asesora de negocios internacionales, ha sido para mí un privilegio y un honor colaborar con varias organizaciones internacionales y así prestar servicio a la comunidad en general.

La mayoría de los inmigrantes se han incorporado a la sociedad norteamericana, pero hay algunos que nunca se considerarían norteamericanos. En cambio ellos se aferran a sus raíces culturales y las usan como una coraza creando así limitaciones, que en vez de construir puentes con otros grupos étnicos, los separa.

Yo los animo a todos para que se conviertan en una inspiración en su sociedad y que aprecien la fortuna de lo que es vivir en su país adoptivo. Al mismo tiempo que avancen hacia el futuro con fervor y con el deseo de ser productivos. Los incito a que integren sus hijos a la sociedad estadounidense, que se adapten a sus costumbres y su modo de vivir y que al mismo tiempo preserven su propia cultura integrándose a una América multicultural.

Es nuestro deber procurar una disposición de apertura que incluye una dimensión racial, política, histórica, geográfica, espiritual, social, económica y cultural. La meta es vivir y trabajar juntos, codo a codo, como una raza humana integrada.

Existe un potencial enorme en la juventud de este país y se puede desarrollar más su liderazgo, si servimos de mentores para que ellos sean los líderes del futuro en nuestras comunidades.

Todos los inmigrantes venimos de familias con muchas experiencias y perspectivas y nos unimos colectivamente porque compartimos un común denominador de valores y una visión universal.

Llegamos a los Estados Unidos como ciudadanos de primera, segunda o tercera generación desde diferentes rincones del planeta, diferentes culturas y diversas creencias religiosas. Hemos nacido en este país y tenemos intereses comerciales en toda la nación.

Imagínense las posibilidades y las recompensas que resultaran con la contribución de cada uno; a pesar de nuestras diferencias, podemos crear nuevos modelos para servir a nuevas actividades comerciales. No menos importante es nuestra necesidad de unirnos en un deseo colectivo para trabajar juntos y así formar un futuro mejor para nuestros hijos y nuestras familias.

CAPITULO 13

Todo es Posible - ¡Si Se Puede!

La Encumbrada Águila y el Aullante Lobo

Hay una gran batalla frenética dentro de mí.
A un lado esta la encumbrada águila.
Todo lo que el águila simboliza
Es superior, verdadero y magnífico,
Elevándose más allá de las nubes.

Aun cuando desciende a lo profundo
de los valles,
Pone sus huevos en la cumbre más alta
de las montañas.

Al otro lado está el lobo con su aullido.
Y ese lobo furioso y escandaloso se identifica
Con lo peor que está dentro de mí.
Él devora mis caídas y se justifica
Con su presencia en la jauría.

¿Quien ganará esta gran batalla?
¡Aquel a quien yo alimente!

— **Autor Desconocido**

La Encumbrada Águila
y el Aullante Lobo

Existen raros momentos en la vida en los cuales nosotros y todo lo que nos rodea parece extraordinario y excepcional, como si fuéramos parte de un cuento de hadas, y a menudo nos sentimos como un pequeñísimo punto en el universo.

El pasado es memoria.

El presente es pasión.

Y el futuro es esperanza.

Debemos siempre recordar de donde venimos, hacer todo con fervor, y tener una visión para el futuro.

Adaptándose a la Vida Cotidiana Cuando los Hijos se Van

Cuando nuestras hijas dejaron el nido, nuestro estilo de vida se hizo más lento. Ellas se graduaron en gerencia de negocios internacionales y en finanzas y contribuyeron con sus experiencias en proyectos dentro de mi empresa.

Claudia María y Lucía Carolina se adaptaron completamente a la cultura norteamericana mientras respetaban y honraban sus tradiciones hispánicas. Ellas son hoy un símbolo viviente de la determinación para tener éxito y para sobresalir en todos sus propósitos.

Mi esposo ha llegado a ser mi mejor amigo y me respalda en todas mis actividades. Juntos estamos trabajando para tener un futuro más brillante y construir un mundo mejor.

La fragilidad al desnudar mi alma, la complejidad de los idiomas inglés y español, la preocupación por mi salud, los sucesos dentro de mi familia y mi responsabilidad en mi participación dentro de la comunidad, fueron retos que enfrenté mientras escribía este libro. Sin embargo, la oportunidad de compartir una vida llena de vicisitudes y de descubrirme a mí misma en el acto de escribir, me ha brindado el balance que siempre he anhelado en la vida.

Todas estas experiencias significativas y viajes extraordinarios con los cuales he sido bendecida, son regalos de Dios y corroboran que todo lo que nos proponemos es posible realizarlo. Si uno se dedica con devoción y apego a la verdad sobre su misión y su propósito, la vida te llevará a conquistar tus metas. Mientras recorremos nuestro camino, debemos perpetuar nuestras creencias personales, nuestros valores y nuestros principios. Pero lo más importante, es que nunca debemos olvidar nuestras raíces. Del mismo modo, debemos comprender otras culturas. Estoy segura que enfrentaremos retos y seremos llamados a hacer sacrificios; sin embargo, tendremos la satisfacción de saber que nuestras acciones han colaborado a cimentar la paz en nuestros corazones.

Al exponer nuestras almas y acoplar la ética en los negocios, la convicción y las emociones todas juntas, podremos alcanzar el equilibrio tan necesario en el mundo de hoy. Todos venimos de diversas condiciones culturales y tenemos distintas personalidades; pero si armonizamos nuestros corazones y nuestras almas con nuestras acciones, ejercitamos una conducta equitativa y actuamos con integridad somos capaces de lograr lo que parece inalcanzable.

Mi filosofía se aplica a todo lo que hago por los demás. Cada instante que vivo le ruego al Todopoderoso que me guíe para poder ver los resultados de mis esfuerzos con claridad. Yo lucho por ser compasiva, leal y considerada, y espero que todo esto se distinga en cada una de mis acciones.

Ser parte activa del mundo de hoy me da la perspectiva adecuada para liderar con ahínco, guiar con integridad y tener una mejor visión a una escala más amplia. Ésto me permite mejorar la vida de muchos niños, brindarles educación y enseñarles a tener las responsabilidades para que sean verdaderos ciudadanos del mundo.

Mi relación con los demás me ofrece muchas sorpresas y oportunidades maravillosas para ser una persona influyente. He aprendido que las posesiones materiales no son una medida de poder o de prestigio; es la huella que dejamos en la sociedad la que establece nuestro legado.

Para aquellos a quienes he encontrado a lo largo de mi camino y quienes me han alentado con sus consejos, les estaré por siempre agradecida. He aprendido a ser más tolerante, más disciplinada y libre de prejuicios, y he llegado a comprender mejor los *puntos en común* que existen en todos los seres humanos.

Le doy gracias a Dios todos los días por restablecer mi salud y curar mis heridas. El equilibrio entre mi familia, la comunidad, y mi vida espiritual me da la paz que siempre he anhelado, y el balance que he logrado entre mi cuerpo, mi mente y mi espíritu, ha restituido mi fuerza física.

Una Invitación Especial

En conclusión, los invito a compartir mi visión, a abrirse al resto del universo y a *Crear puentes de Unión y de Paz.*

Me siento bendecida por todos mis logros: construyo ilusiones, transmito optimismo, y genero oportunidades para todos.

Mi misión es transformar nuestra civilización y crear puentes de comprensión entre las diferentes culturas. Los invito a que cada uno se pregunte, se interrogue y medite sobre ¿cuál es la misión que debo cumplir para que el mundo sea mejor?

¿Cual es tu verdadera misión?

Mongolia, La Tierra de mis Ancestros y el Puente Entre el Oriente y el Occidente

Con la hermandad y la paz a través de la poesía,
Podemos unir naciones en un esfuerzo por
alcanzar Paz y comprensión en el mundo.

La gente, los lugares, el tiempo y el conocimiento son dones invaluables que el universo nos concede. Un poco después de haber terminado la primera edición en inglés de este libro "Building Bridges of Understanding" que se publicó en julio del 2006, fui invitada a ingresar a la Academia Mundial de las Artes y la Cultura.

Por esta razón, algunos autores me sugirieron que participara enviando mi libro, al XXVI Congreso Mundial de Poesía y Literatura llevado a cabo en Ulan Bator, la capital de la Gran República de Mongolia en septiembre del 2006.

La misión de la Academia Mundial de las Artes y la Cultura, cuyo Presidente E m é r i t o es Dr. Justice S. Mohan, consiste en organizar y celebrar un congreso mundial de poetas en diferentes partes del mundo. Sus metas son: Sustituir la guerra por la paz, promover la unidad del mundo y estimular el intercambio cultural para una mejor comprensión entre los pueblos. También se dedica a unir a todos aquellos que están motivados por la excelencia en inspirar a la humanidad.

La conmemoración del aniversario número 800 del Gran Estado de Mongolia, cuyo fundador fue el Gran Gengis Kan, iba a celebrarse al mismo tiempo. Mongolia ha sido un puente entre el oriente y el occidente desde la antigüedad y la oportunidad de ver de cerca la historia y la cultura de la humanidad era algo que no podía resistirme.

El Doctor Mend-Ooyo, un distinguido poeta mongol, es presidente de la Fundación de la Cultura, de la Academia de la Cultura y la Poesía en Mongolia, y presidente del XXVI Congreso Mundial de Poesía. Él escogió mi libro para ser parte de este histórico evento.

-La traducción de su libro al mongol será un verdadero regalo que contribuirá a vincular la gente de este país con el resto del mundo, -me comunicó el Dr. Mend-Ooyo unos días más tarde.

Con profundo agradecimiento le respondí:

-Es de vital importancia que nos acerquemos al corazón de la gente de Mongolia con un mensaje de unidad y paz. Ellos se darán cuenta que, al otro lado de sus montañas, sus extensas llanuras y los océanos que nos separan, existen seres humanos con las mismas esperanzas que ellos. Todos somos seres humanos unidos por un ferviente deseo de alcanzar la esperanza y la paz en nuestras propias familias, nuestras comunidades, nuestros gobiernos, y sobre todo, que seamos testigos algún día de la transformación hacia un mundo nuevo.

"Creando Puentes de Comprensión" brinda un mensaje de amor y compasión, pero sobre todo de esperanza. Este mensaje fue acogido ampliamente en el congreso al que asistieron más de 350 poetas y escritores de todo el mundo.

Durante las festividades le presenté mi libro al Presidente de Mongolia, Nambariin Enkhbayar, con un mensaje de mi tierra natal, Colombia, y mi país adoptivo Los Estados Unidos de América. Le dije:

-He venido hoy desde las Américas a Mongolia, la tierra de mis ancestros, y mi propósito es establecer un nexo con este magnífico país y el corazón de su gente.

Lucía con el Presidente de Mongolia, Nambariin Enkhbayar
rodeada de distinguidos escritores y poetas internacionales

!Gracias, Muchas Gracias!

Por favor y gracias, muchas gracias   fueron las palabras que mi madre nos animó a aprender en todos los idiomas.

A todas aquellas   personas cuyos   caminos   se han cruzado   con   los míos   en mis   viajes   por el mundo, y muy especialmente   a mis amigos queridos cuyas almas se han unido a la mía, les envío mi más ferviente gratitud.

A mi esposo Álvaro por su paciencia sin límites, su   dedicación   constante,   su   lealtad,   su   amor incondicional y su apoyo a través de largos días e incontables   noches sin dormir, mientras yo escribía este libro. Te digo con todo mi corazón, un millón de gracias mi amor.

A mis hijas Lucía Carolina y Claudia María, mi gratitud profundo por aquellos momentos de entrega total en   que   disfrutamos   recordando   muchas anécdotas e historias familiares narradas aquí.

A mi familia en Colombia, en especial a mis hermanos Giraldo Estrada, les envío mi cariño eterno por los recuerdos   maravillosos   de las experiencias que compartimos juntos cuando éramos niños.

Mi agradecimiento especial a la Dra. Jane Goodall, quien con su visión humanitaria ilumina mi camino al amor por la humanidad y el respeto por todo ser viviente. A mis amigos y asociados del Instituto Jane Goodall (janegodall.org) con quienes estoy marcando la diferencia en el mundo de hoy.

Gracias a ti, Diane Diehl, mi amiga noble y leal – gracias por conservar la pureza de tu visión con la cual, durante muchos años me has alentado a narrar las experiencias de mi vida.

Mi gratitud a todas las instituciones con las cuales he colaborado durante muchos años y han respaldado mis metas. A los miembros del cuerpo de gobernadores y directivos de National University, Western State University College of Law, American Red Cross, the Society for the Advancement of Management, SAM, el Latin Business Association (LBA), y la Foundation for Radiance, con quienes estamos iluminando, educando y sanando nuestro planeta.

A los que han sido mis mentores en el sector de las negociaciones internacionales y multiculturales. Dan Young, por su amistad invaluable y por mantenerme al tanto de los asuntos globales, y Jonathan Hutson quien facilitó los diálogos en grupo para el Instituto Multicultural de Liderazgo (MIL) que yo funde en 1995.

A todos mis lectores los invito a leer sobre los caminos que he recorrido por más de 106 países, la sabiduría que he adquirido, y los secretos que he descubierto a lo largo d mi vida... las respuestas las encontraran dentro de estas páginas.

¡Todos llegamos a formar parte del *Plan Divino!*

ERRATA

Varios de los cambios o correcciones de la edición anterior, figuran en esta página.

Algunas fechas no coinciden, sin embargo, no alteran la realidad de la historia.

- Página 143 el expresidente chileno Salvador Allende
- Página 165, el grupo Roots & Shoots del Instituto Jane Goodall, está hoy en 136 países

Edificadores de Puentes en el Siglo 21

Nuestros caminos se cruzaron,
Nuestras almas se entrelazaron...

Es extraordinario que a través del tiempo vivido, la diversidad de lugares, y los millones de personas que hay en el mundo, coincidamos —para interpretar el Mexi-canto "Y Coincidir."

Gracias, a aquellos *constructores de puentes*, a quienes he tenido la fortuna de haber conocido. Ellos han sido mis amigos, mis modelos a seguir y cada unos de ellos a su manera me ha inspirado y alentado en mi caminar. Ellos son:

- El Embajador Ananda Guruge, nacido en Sri Lanka, una autoridad absoluta en el mundo de las religiones más importantes, y una guía en la cultura, la paz y la unidad.

- Antonio Ramón Villaraigosa, méxico-americano, el primer alcalde latino de Los Ángeles desde 1872, considerado como uno de los líderes más progresistas de los Estados Unidos

- El astronauta Buzz Aldrin, estadounidense, un aventurero en el espacio.

- Doctor Amer El-Araf, egipcio, presidente del Consorcio Americano-Europeo de Universidades y un especialista en salud ambiental.

- Carlos Fuentes, ciudadano del mundo, uno de los más prominentes hombres de letras en América Latina

- Carlos Monsivais, mexicano, escritor y ecologista.

- Christopher Cox, estadounidense, Presidente de la Comisión Reguladora de la Bolsa de Valores (Securities and Exchange Commission) de EE.UU., quien ha hecho que las leyes de la agencia se modernicen y se cumplan a cabalidad.

- Daniel Villanueva, méxico-americano, un pionero y abridor de caminos en las finanzas, filántropo de corazón dentro de la comunidad hispana en los Estados Unidos.

- David Lizarraga, méxico-americano, un líder dinámico y visionario en la rama educativa.

- Edward James Olmos, méxico-americano, actor y militante social.

- George Pla, méxico-americano, presidente de una de las más importantes firmas de ingeniería civil en la nación. En este Milenio el continúa dedicado al liderazgo cívico dentro de la comunidad.

- La Honorable Elaine Chao, chino-americana, Ministra del Trabajo de los Estados Unidos, cuya misión es inspirar y proteger a la gente trabajadora de América.

- El Doctor Francisco J. Ayala, ibero-americano, filósofo. En 2001 le fue otorgada la Medalla Nacional de Ciencia.

- Harry P. Pachón, experto en inmigración, en asuntos sobre la educación de los hispanos, demografía y análisis sobre la población, y metodología sobre el censo.

- Héctor Barreto Sr. (q.e.p.d.) mexicano, fundador de la Cámara de Comercio Hispano en los Estados Unidos. Él se distinguió como un apasionado impulsador de las pequeñas empresas hispanas.

- El Doctor Jerry C. Lee, estadounidense, Canciller del Sistema de la Universidad Nacional (National University), y un visionario acerca de la calidad de la educación.

- José Niño, méxico-americano, empresario y promotor en negocios internacionales. Uno de los pilares de la Cámara Nacional del Comercio Hispano en las dos últimas décadas del siglo XX.

- Jesús Chavarría, presidente de la compañía Hispanic Business Inc. y editor de la revista Hispanic Business que ha servido de puente entre las corporaciones en Norteamérica y los negocios de los Hispanos.

- Juan Lladró, español, un pionero en las artes y uno de los fundadores de las porcelanas Lladró.

- Los integrantes del Ballet Kirov del legendario Teatro Mariinsky de San Petersburgo por sus contribuciones al mundo de la danza.

- Moctesuma Esparza, méxico-americano, ejecutivo y empresario multifacético, productor de cine y ganador de premios en el medio del entretenimiento.

- Nelly Galán, cubana, productora de televisión, ha estado a la vanguardia en la programación en inglés y español para audiencias en los Estados Unidos y América Latina.

- Rueben Martínez, méxico-americano, ganador del prestigioso premio de la Colegiatura MacArthur por su trabajo en promover alfabetización en la comunidad hispana.

- Rudy Beserra, méxico-americano, un modelo a seguir dentro de la comunidad Latina y quien ha tenido logros excepcionales en el mundo de los negocios corporativos como un embajador para los Hispanos.

- Sting y su esposa Trudy y el Sir Elton John, por su trabajo con *The Rain Forest Foundation*.

- Tony Robbins, norteamericano, una reconocida autoridad en el mundo en el tema de comportamiento al máximo nivel.

- Vicente Fox Quezada, ex-presidente de México. Su mandato se distinguió por tener una estabilidad económica sin precedentes y por brindar una atmósfera democrática, lo cual es nuevo para México.

- Webster Guillory, estadounidense, Asesor del Condado de Orange de California, un hombre de múltiples logros, con amplia experiencia dentro del sector privado y público.

- William T. Esrey, estadounidense, antiguo jefe ejecutivo de la corporación Sprint (FON) reconocido ampliamente por el desarrollo, la ingeniería y la operación de la tecnología de red de sistemas.

- William Habermehl, estadounidense, premiado por la oficina de Educación de los Estados Unidos por su labor como Superintendente de las Escuelas en el Condado de Orange. El administró a más de 530.000 estudiantes durante su gestión.

Desde entonces, en mis viajes a través del tiempo y el espacio, han influenciado en mí cientos de líderes a quienes conservo en un lugar privilegiado en mi corazón.

Soy vecino de este mundo por un rato
Y hoy coincide que también tú estás aquí
Coincidencias tan extrañas de la vida
Tantos siglos, tantos mundos, tanto espacio? y coincidir

Si en la noche me entretengo en las estrellas
Y capturo la que empieza a florecer
La sostengo entre las manos más me alarma
Tantos siglos, tantos mundos, tanto espacio? y coincidir

Si la vida se sostiene por instantes
Y un instante es el momento de existir
Si tu vida es otro instante... No comprendo
Tantos siglos, tantos mundos, tanto espacio? y coincidir

Y Coincidir Liricas - Silvio Rodriguez – Músico Cubano (1946 -)

Mis Favoritos

A continuación les enumero los personajes de la historia, los cuentos, el arte, los lugares visitados, los libros y las películas que yo considero mis favoritos, y que me han influenciado a convertirme en la persona que he llegado a ser hoy. Espero que este ejercicio les ayude a ustedes.

Estos son mis favoritos.

Cuentos de Niños

- Aladino y la Lámpara Maravillosa
- La Cenicienta
- Caperucita Roja
- El Patito Feo

-¿Cuales son sus favoritos y por qué? _____

_____

_____

_____

_____

Personajes de la Historia

- Los fundadores de todas las grandes religiones: Buda, Jesucristo, Mahoma.
- Confucio
- Leonardo Da Vinci
- Abraham Lincoln
- Simón Bolívar
- Mohandas Gandhi

-¿Cuales son sus favoritos y por qué? _____

_____

_____

_____

_____

Música Clásica
- Claro de Luna, Ludwing van Beethoven
- Concierto de Aranjuez, Joaquín Rodrigo
- Las Cuatro Estaciones, Antonio Vivaldi
- Noches en los Jardines de España, Manuel de Falla.
-¿Cuales son sus favoritos y por qué? _____

_____

_____

_____

Lugares Sagrados que he Visitado
- Ángor Wat, Camboya
- Karakorum, la capital antigua del Gran Imperio Mongol y el Desierto de Gobi, Mongolia
- Los Templos en Kyoto, Japón
- El Cementerio Le Père Lachaise, Paris, Francia
- El Museo de los Guerreros Terracota del Emperador Qin, Xi'an, China
- La ciudad misteriosa de Salvador, Bahía en Brasil
- San Sebastián de Garabandal, Santander en España
- La ciudad de Teotihuacán, México
- La Ciudad Amurallada de Cartagena de Indias, Colombia
-¿Cuales son sus favoritos y por qué? _____

_____

_____

_____

Animales

- El Pato
- La Paloma
- El Cisne
- La Gaviota
- El Águila

-¿Cuales son sus favoritos y por qué? _____

_____

_____

_____

_____

Libros

- La Biblia
- El Cuidado del Alma, Thomas Moore
- Conversaciones con Dios, Tomo I, II and III, Neale Donald Walsch
- Ilusiones, Richard Bach
- El Principito, Antoine de Saint-Exupéry
- El Asiento del Alma, Gary Zukav

-¿Cuales son sus favoritos y por qué? _____

_____

_____

_____

_____

Cine

- El Mensajero, La Vida de Juana de Arco
- El Piano
- El Cartero
- ¿Conoces a Joe Black?
- Zorba el Griego

-¿Cuales son sus favoritos y por qué? _____

_____

_____

_____

_____

Artistas y sus Obras de Arte
- Alessandro Botticelli, Alegoría de la Primavera, El Nacimiento de Venus, y La Adoración de los Magos
- Claude Monet, Ninfeas (Waterlilies)
- Edgar Degas, Dancer on Stage with Bouquet
- Georges Seurat, Un Domingo de Verano en la Grande Jatte
- Paul Cezanne, Crisantemos
- Paul Gauguin, Chemin a' Papeete
- Pierre-Auguste Renoir, Almuerzo en la Fiesta del Bote
- Vicent Van Gogh, La Terraza del Café por la Noche, Place du Forum, Arles, y La Noche Estrellada

-¿Cuales son sus favoritos y por qué? _____

_____

_____

_____

_____

Regalos
- De mi abuelo, un telescopio que él uso en la Guerra de los Mil Días en Panamá
- De mi abuela, un crucifijo de madera
- De mi padre, el libro "La Historia de la Ópera"

-¿Cuales son sus favoritos y por qué? _____

_____

_____

_____

_____

Escritores Favoritos y sus Obras
- Carlos Castañeda, Viaje a Ixtlan
- Carlos Fuentes, El Espejo Enterrado
- Gabriel García Márquez, Cien Años de Soledad
- Miguel de Cervantes Saavedra, Don Quijote
- Las obras de William Shakespeare

-¿Cuales son sus favoritos y por qué? _____

_____

_____

_____

_____

MIS CUATRO ACUERDOS Y MUCHOS, MUCHOS MÁS

Los Senderos para Alcanzar la Paz Interior

Dedicado a Mi Ángel de lo Indefinible,
A mis Ángeles Guardianes.
Estén alerta mis queridos amigos, tomen conciencia.
Invítenlos cuando estén cerca;
Ellos nos guiarán al Reino de los Cielos.
-      Lucía De García

Agradece todo lo que cada instante te ofrece:
Al levantarte cada mañana.
Al sentir el sol candente sobre tu piel.
La suave brisa acariciando tu cuerpo.
Una cálida sonrisa.

Entrégate a Dios.
Permanece en estado de gracia.
Únete a la naturaleza.
Trata a las personas, los animales
y el medio ambiente con respeto.

Practica el silencio,
y escucharas el cántico de tu esencia,
en ella encontraras un misterio profundo.
La fé sustenta tu espíritu.
Descubre consuelo en el asiento de tu alma.

Ruega, medita, ora, reza.
Toma tu tiempo para la contemplación.
Haz de la soledad, tu propia amiga.
Habla con el lenguaje del corazón.
Acaricia tu esencia con ternura.

El deber nos impulsa a hacer bien las cosas,
el amor nos induce a hacerlas admirablemente.
Descubre lo mejor que poseen otros.
"Honor al que bien se lo merece". (San Pablo)

Conserva una perspectiva amplia.
Ama los momentos de desasosiego.
Que ni el fracaso ni el éxito
te desconcierten.

En asuntos privados,
nunca tomes el lado de nadie.
No te envuelvas en los problemas de los demás.
Lo que pasa entre dos personas,
no es asunto de otros.

¡Confía en los demás!
No culpes a nadie. No juzgues.
No incrimines. No critiques.
No te quejes. No reclames.

No trates de controlar a otros.
No aclares, no exijas,
ni des explicaciones.
"Vive y deja vivir".

Sé solidario con tus relaciones.
"No ver lo malo.
No oír lo malo.
No hablar lo malo". (Buda)

Perdona, olvida, y sigue tu andar...
No más cólera.
No más resentimiento.
Ni autocompasión.

Si algo no te hace feliz,
si no estás de acuerdo,
aíslate de la situación,
cámbiala totalmente, o acéptala.
El equilibrio prolonga la vida.

Responsabilízate de tus acciones.
Comunica bien tus valores.
Admite tus errores con entereza.
Busquemos un universal de mayor grado.

Mantén tu determinación.
Existen tres enfoques en cada historia:
Tu verdad,
mi verdad...
y la verdad.

Conserva tu valentía.
Sé audaz.
Nunca pierdas la esperanza.
Profundiza en tus experiencias.

¡Se agradecido!
Reconoce a aquellos que te hacen el bien.
Cuando das gracias, te sientes más feliz.
La amabilidad sustenta el corazón.
Si tienes sinsabores, desafíos,
enfréntalos con valentía, con entereza,
disciplina y candor.
Lo más importante es el resultado.
En cada perdida, hay una ganancia.

Estimula tu intelecto.
Aprende de los sabios.
Para cultivarse, rodéate de los ilustrados.
"Quien a buen árbol se arrima,
buena sombra le cobija".

Ejercita tu propia disciplina,
mantén el orden,
"Un lugar para cada cosa,
y cada cosa en su lugar".

Entrena tu fortaleza de carácter,
"No basta con ser inteligente,
hay que ser audaz". (Nicole Tesla)

Cambia tu comportamiento
con una cordial motivación.
En 21 días consecutivos
puedes establecer un nuevo hábito.

¡Sé genuino! Habla con sinceridad.
La verdad resplandece.
Si te pasas ocultando lo que eres,
la vida no sabrá darte lo que quieres.

Haz siempre lo que sea correcto.
Actúa con transparencia,
así conservaras tu integridad.
Mantén una actitud positiva.

El éxito es el resultado de la determinación
y de la constancia.

¡Se persistente! ¡Se tenaz!
Cumple tus metas a cabalidad.

Sé flexible, no te resistas.
Sigue la corriente.
Asume las prioridades.
"No dejes para mañana
lo que puedas hacer hoy".

No des excusas.
Cumple tus compromisos.
No prometas lo que no puedes lograr.
No esperes nada de otros,
así no habrá decepciones.

No cuestiones, no te lamentes:
¿Por qué yo?
¿Por qué a mí?
¿Qué hubiera pasado si…?
Profundiza sobre los hechos.

No te aferres a lo material.
Da sin esperar nada,
"Haz el bien y no mires a quien".

Repone lo que has tomado de otros,
ya sea material,
emocional o espiritual.

Conserva una perspectiva amplia.
Sé un catalizador,
un transformador para el cambio.

No te des por vencido.
Persiste en tus metas.
"La constancia vence
lo que la dicha no alcanza".
Deja que Dios actúe en tu favor.

Descubre tu propósito de vida
y sé leal a su significado.
Nunca pierdas el sentido de tu misión.
"Conócete a ti mismo". (Sócrates)

Atesora el niño que llevas dentro.
Actúa con curiosidad.
Mantén intacta tu capacidad de asombro.
No preguntar ¿por qué?
Sino ¿para qué?

Sal al encuentro de tu camino.
¡Descúbrelo!
Todos somos parte de un Plan Divino.
"El hombre propone y Dios dispone".

Captura y vive el momento.
El pasado es evocación.
El futuro es acción.
!Re-invéntate!

Conserva tu andar pausado.
No trabajes en un estado caótico,
así serás más eficiente.
La moderación supone el placer.

La Paz promueve la armonía.
Crea un ámbito de paz.
Actúa con calma,
sé claro y transparente.
Cuando estás sosegado, todo se manifiesta.

Asumamos los más altos ideales
por la tolerancia,
la igualdad,
la compasión,
la unidad y la paz

Marquemos una huella indeleble
en los corazones de todos,
donde exista la justicia,
la seguridad y la prosperidad.

Dejemos el mundo mejor de lo que lo encontramos.
Vivamos todos unidos
como si fuéramos Uno solo.
Descubramos lo que nos une
y lo que nos separa.

Fundemos una sociedad
inclusiva, colaborativa,
e interdependiente.

Que no existan fronteras, ni limitaciones.
Una raza, una familia
¡Una nación, un ideal común!

Conéctate con la inteligencia del universo.
Conéctate con el amor eterno.
Conéctate con tu propio corazón.
Practica lo sublime y alaba lo divino.

!Somos todos Uno!
Y cuando alcancemos la cúspide de la montaña,
Veremos que la Tierra es nuestra…
¡El Universo será nuestro!

El fideicomiso Delaney Lucia y Brayden Alvaro Buehler-Garcia será establecido a nombre de mis nietos para asistir al programa Roots & Shoots del Instituto Jane Goodall (JGI) con grupos en mas de 136 países. Este programa inspira a los jóvenes de todas las edades a marcar una diferencia involucrándose en la comunidad para promover el cuidado de los animales, el medio ambiente y la sociedad en general.

Es mi ferviente deseo para que mis nietos tengan la compasión por las necesidades y las preocupaciones globales y que continúen respaldando a los niños del mundo a través de los viajes. Así aprenderán a respetar otras culturas.

Acerca de la Portada

¡Definitivamente no hay coincidencias! Cuando conocí a Luis Sánchez, un pintor renacentista Cubano-México-Libanés residenciado en el Sur de California, quien diseñó la portada de este libro, sucedió una mutua conexión de energía cultural y espiritual. Ambos sabíamos que este sería el comienzo de una estrecha y larga amistad.

En nuestra primera conversación, le detallé sobre el libro que estaba escribiendo, el arte y la visión de lo que era el contenido. Luis comenzó a descubrir mi esencia, y a hacerse responsable de crear algo que representara el tema de Creando Puentes de Comprensión, y para esto, tendría que viajar a lo profundo de su alma.

Su habilidad de palmar el espíritu de mi historia me cautivó: Mi fascinación por la luna y las estrellas, mis raíces, el trabajo desarrollado alrededor del planeta tierra, - todo lo que me ha llevado a ser ¡Ciudadana del Mundo!

Le narré mi niñez en Colombia cuando le ayudaba a los menos privilegiados en muchas áreas, y luego en mi juventud a construir sus casas en las montañas ladrillo por ladrillo con el programa Alianza para el Progreso. Así nació la idea del puente de Da Vinci, que posteriormente llegaría a ser mi inspiración para crear los puentes hacia la Unidad y la Paz. ¡Gracias, muchas gracias Luis!